JN217620

デジタルマーケティングの実務ガイド

Digital Marketing Handbook

井上 大輔

宣伝会議

CONTENTS
デジタルマーケティングの実務ガイド

1章 はじめに

1.1 なぜ「実務ガイド」なのか —— 6
1.2 本書の使い方 —— 10
1.3 デジタルマーケティングを定義する —— 12

2章 デジタルマーケティングのSOW （スコープオブワーク）を定義する

2.1 スコープの定義は、
デジタルマーケティング業務設計のはじめの一歩 —— 16
2.2 SOWを定義する —— 18

章末コラム
マーケティングはもはや組織の一機能ではなく、一つの思想である —— 25

3章 年間計画を策定する

3.1 戦略の定義 —— 30
3.2 チームを編成する・エージェンシーを選定する —— 36
3.3 マーケティングツール投資の計画を立てる —— 57
3.4 オウンドメディアの企画・運用 —— 68

章末コラム
あらゆる「メディア」が終焉を迎えるとき、
企業コミュニケーションの形が変わる —— 76

4章 キャンペーン（プロジェクト）を企画・実行・レビューする

4.1 カスタマージャーニーの位置づけ —— 82

4.2 カスタマージャーニーを作成する —— 87

4.3 キャンペーンのKPI設定・予算配分 —— 92

4.4 ブリーフィング資料を作成する —— 98

4.5 メディアプランの策定 —— 112

- 4.5.1 なぜ広告主にメディアの知識が必要か？ —— 112
- 4.5.2 デジタル広告の分類に共通認識を持つ —— 135
- 4.5.3 ブランドセーフティーについて共通認識を持つ —— 139
- 4.5.4 ビークル選定・運用方針 —— 143

4.6 クリエイティブプランの作成 —— 152

- 4.6.1 コンテクストの管理 —— 152
- 4.6.2 クオリティーの管理 —— 157
- 4.6.3 プロジェクトマネージメント —— 172

4.7 キャンペーンの効果測定 —— 182

- 4.7.1 効果測定総論 —— 182
- 4.7.2 効果測定各論 —— 190

章末コラム
カスタマージャーニーよさらば —— 206

5章 人材管理・社内調整

5.1 採用・教育 —— 212

5.2 社内調整 —— 215

章末コラム
生産性が低い現場のミーティングで起きていること —— 217

おわりに —— 220

1章

はじめに

1.1

なぜ「実務ガイド」なのか

「マーケティングの4P」だったり「AIDMA／AISAS」だったり、マーケティングの教科書を開くと、マーケターは様々なフレームワークに出くわします。そういったフレームワークが「なるほどな」と腑に落ちたとして、それではその後皆さんの実際のマーケティング業務が具体的に変わったということは、これまであったでしょうか。否、ではないでしょうか。なぜか。それは、それらがあくまでマーケティング「理論」の体系であり、「業務」の体系ではないからです。どういうことでしょうか？例え話を使って説明します。

マーケターになるのにライセンスは不要ですが、医者になるには必要です。では、仮に、医者になるのにも免許は不要だったとします。皆さんが医学を志していると仮定して、近所には医学書が充実している図書館があるとします。さて、優れた医者になるために、皆さんはどんな勉強をするでしょうか。

まずは、医者たるもの、病気の発生メカニズムを把握する必要がありそうです。例えば、糖尿病というのは、膵臓のランゲルハンス島にあるβ細胞で作られるインスリンというホルモンが、何らかの原因でうまく分泌されないことにより引き起こされるそうです。これは理論の体系である基礎医学の話です。

しかし、このような病気の発生メカニズムを把握していても、実際に糖尿病を罹患した人を治療することはできません。「うーん、これはランゲルハンス島のβ細胞に問題がありますね」などと言われても、患者さんはただひたすら困惑するだけでしょう。

実際には、病院のお医者さんは、症状や検査の結果から病名やその類型を分析し、仮説を立てた上で適切な治療法を選択します。「血液検査の結果が出ました。初期の２型糖尿病が疑われるので、食事療法と運動療法から始めてみましょう」などとなるわけです。これが実務の体系である臨床医学です。

このように、医学には、基礎医学と臨床医学という２つの体系があります。図書館の医学書フロアーの糖尿病コーナーには、基礎医学（発生の仕組みなど理論の体系）の教科書があると同時に、臨床医学（どう診断し治療するか？という実務の体系）の教科書もあるのです。医者になるには、この２つの知識体系が必要です。

マーケティングやデジタルマーケティングの世界では、この２つが明確に区別されていません。その上で、大半の教科書・解説書は、ここでいう基礎医学的な「理論の体系」を主に扱っています。認知して、想起して、選択肢に入れ、購入して、リピートし、推奨する。これは消費行動のメカニズムです。それでは、そのメカニズムを、私たちマーケターは今日・明日の業務に実際どう活かしていけばいいのでしょうか。あるいは全世界、全業界を一般的に論じた抽象論を、特定の地域の特定のマーケットを相手どった自分の日々の業務に翻訳していくにはどうすればいいのでしょうか。大半の教科書・解説書には、例え初心者向けのものであっても、その答えは書いてありません。なぜなら、それらはやさしく噛み砕かれているとはいえ、マーケティング「理論」の体系だからです。

教科書・解説書のもう１つの類型は、事例の紹介です。事例は好まれがちですが、実際に他社の事例を学んでそれを自らの業務に活用できたことは、これまでどれくらいあったでしょうか。事例は実務の話ではありますが、それゆえ、基礎医学的な理論に辟易した読者には好まれるのでしょうが、そこに体系はなく、多くは個別具体的な状況においてのみ意味を持つものです。「私は糖尿病を乾布摩擦で治した」という事例を聞いて真似をしても、それが自分のケースにもあてはまるという保証は全くありません。

マーケティング実務家にとって今日、明日の業務を行う上で本当に必要なのは、この「理論の体系」「体系のない事例」のいずれでもなく、「実務の体系」なのです。これこそまさに本書で紹介していくものです。実務の体系と理論の体系は全く別のものというわけではなく、実務の体系は理論の体系を下敷きにしています。例えば、本書で紹介する知識の1つに、「コンテクスト管理シート」というものがあります。ウェブページなどを作成する際に、「どこから来た」「誰に」「何をしてもらうか」というコンテクスト（文脈）を整理することで、的外れなものを作ってしまわないようにする手法です。この「誰に」を決める際、「認知しているけど想起してくれない人」などと定義しますが、ここに理論の体系である「消費行動のメカニズム」が活用されています（本件はあとで詳しく説明しますので、ここでは「理論」と「業務」のイメージの違いだけをおさえてください）。

　本書で紹介していくのは、まさにこういった実践的なツールです。デジタルマーケティングに関して、担当者として、あるいは責任者として、具体的にどのように業務を設計し進めて行けば良いのか。その手引きとなるべき知識です。本書を活用すればこれらを体系的に理解することができます。つまり、1つ1つの業務を相互に関連するものとして、全体の中での位置づけを明確にしながら把握することができます。マーケティング理論については深入りは避けますが、あまり一般的ではない用語・概念には、本書の内容を理解するのに必要な範囲で解説を加えています。その他の難解なビジネス用語や、デザイン・ウェブ開発・統計などの専門用語とあわせて、初掲の際に下線をつけた上で巻末の用語集で解説していますので適宜参照してください。

　本書は、企業のデジタルマーケティング責任者はもちろん、その責任者の下につく担当者、あるいは責任者を管理する立場の上級マネージャーを主な読者として想定していますが、それらの人に提案する立場のエージェンシーの皆さんにもぜひ活用してもらいたいです。業務プロセスの設計まで提案することができれば最強のパートナーになれるでしょうし、本書を通じてクライアント業務の「裏側」を垣間見ることで提案の精度もさらに向上します。

最後に、「読者」と書きましたが、本書は「読む」ものではなく「使う」ものです。本書のサブタイトルに「ハンドブック」という言葉を入れたのもそのためです。一読したあとは常にデスクの上に置いて、折に触れ参照しながら実務を設計してもらうことを想定しています。本書を皆さんの仕事の友として、毎日書き込み顧みる手帳のように使い潰してもらえれば、筆者としては存外の喜びです。

1.2

本書の使い方

　本書では、2章「デジタルマーケティングの **SOW**（スコープオブワーク）を定義する」で「そもそもデジタルマーケティングとは何であるか」という大前提を整理し、3章「年間計画を策定する」で前年度末までに整理するべき年間計画の策定方法を論じ、4章「キャンペーン（プロジェクト）を企画・実行・レビューする」で具体的なキャンペーンの企画・実行方法を解説していきます。最後に5章「人材管理・社内調整」では、年間計画よりさらに息の長いテーマを取り扱っています。日常のマーケティング業務に明確な「始まり」も「終わり」も「順番」もないように、本書はどこから読み始めても問題ありません。それ以前に説明された内容には必ず索引をつけているので、理解できていないことがあればその項目のみを参照してから、また読んでいた章に戻って先を読み進めることができます。特に、3章「年間計画を策定する」は、実際に作業を遂行するタイミングは年度末に近いタイミングになり、今すぐに実行できない、あるいはする必要がないということもあるでしょう。その場合は、章ごとスキップして4章以降を読み進めてください。同じことは各チャプター（この章でいうと「なぜ『実務ガイド』なのか」「本書の使い方」などの小項目を、本書ではチャプターと呼んでいます）にも当てはまります。例えば4章「キャンペーン（プロジェクト）を企画・実行・レビューする」の「メディアプランの策定」「クリエイティブプランの作成」「キャンペーンの効果測定」などの各チャプターは、それだけ個別に読み進めても実践できる内容になっているので、特に困っていることがあればそこから読み始めることもできますし、一通り通読したあとで業務上の課題に応じて個々のチャプターを再度ピンポイントで参照することも可能です。

　また、本書では、サービスやメディアなどの固有名詞を極力記載しないようにしています。1つには、サービス選定・メディア選定において読者にバ

イアスがかからないようにするため。また常にアップデートされ続けている
メディアやサービスの詳細と記載内容に食い違い＝読者の誤解が生じない
ようにするためです。例えば、**「プライベート DMP」**を説明する際に、本書
では具体的なプライベート DMP のサービス名を列挙するようなことも、特
定のサービスを取り上げてそのスペックを解説するようなこともしていませ
ん。具体的にどのようなサービスがあるのかを確認したい場合は、本書に
記載されている用語で検索すれば主要なベンダーが一覧できますし、多くの
場合、サービスを比較した記事やブログも複数参照できます。もちろん馴染
みのエージェンシーに問い合わせることも可能ですが、その場合は、当該
エージェンシーが資本関係や提携関係を持つサービス・メディアがあれば、
必ずその旨明示してもらうように注意しましょう。動画プラットフォーム
の YouTube など、カテゴリー≒いくつかの固有のサービス、という状況で、
具体的な説明をするためには固有名詞に言及せざるを得なかったケースもい
くつかあります。そのようなケースでは特に、またその他具体的なサービス
名・メディア名には言及していない場合でも、本書に記載されている情報は
出版時現在のものであることに留意し、実際に皆さんが利用を検討している
メディアやサービスに固有の最新情報は、必ず各社に確認するようにしてく
ださい。

　本書は「臨床マーケティング」の本ですが、各章末には「基礎理論マー
ケティング」を論じた章末コラムを収録しています。章末コラムは、
AdverTimes で筆者が連載しているコラムの中から、各章で論じた内容と関
連の深いものをピックアップした上で一部加筆・修正したものです。手元の
業務ばかりに目線を合わせていたのでは時に考えが行き詰まってしまいます
し、そうなると本書の理解も進みません。章末コラムは、そういう意味で視
点を切り替え、頭をリフレッシュするという意識でお楽しみください。

1.3

デジタルマーケティングを定義する

　「デジタルマーケティングなるものは存在しない。デジタルとそれ以外の
マーケティングを分けるのは、デジタルがあらゆるタッチポイントや業務領
域と不可分に接続した今日、もはや無意味である」…最近ではそういった議
論も盛んですが、現実的には、デジタルマーケティング某というタイトルで
仕事をしている人はたくさんいます。デジタルマーケティングを冠するチー
ム、部署、会社も枚挙に暇がありません。この本を手にとっているというこ
とは、皆さんもそんな中の一人、そんなチームや部署や会社で日々汗を流し
ている一人である可能性が高いわけで、理想はともあれ「デジタルマーケテ
ィングだけを論じることは無意味だ」と切り捨ててしまっては何も始まりま
せん。皆さんの現実は何も変わらないのです。

　突然ですが、中学校の社会科で「三権分立」というのを習ったと思います。
国家権力というのはとても強大なので、立法、司法、行政の３つに分断して、
それぞれを別の機関に担わせることで、国家の暴走にブレーキをかけようと
いうコンセプトです。立法とはすなわち国会で、その役割は法律を作ること
です。司法は裁判所で、国会が作った法律を政府や国民、あるいは国会自体
がしっかりと守っているかどうかを監視する機能です。それでは行政は？
　この行政の定義というのが意外と難しく、現在行政学の世界で通説的な
考え方になっているのが、「国家機能のうち司法と立法を除いたその他全部」
というものです。なんだか投げやりなようですが、「控除説」などという立
派な名前もついたれっきとした学説です。そして、くどいようですが、これ
が通説なのです。

　デジタルマーケティングの定義について、本書はこの「控除説」を採って
います。デジタルマーケティングとは、「マーケティング活動のうち、明ら

かにデジタルではないものを除いたその他全部」です。一見とても投げやり
なようですが、それ以外には定義のしようがありません。

　例えば、新聞広告は明らかにデジタルではありません。テレビ、雑誌、ラ
ジオ広告も然りでしょう。では、ソーシャルメディアやウェブ上の企画と連
動させたテレビ広告は？スマホの AR アプリで見るインタラクティブ（双方
向の）な雑誌広告は？これらには、ぜひともデジタルマーケティング担当の
関与が必要です。デジタルマーケティング担当が主導していても不自然では
ないでしょう。ゆえにこれらは一義的にはデジタルマーケティングの範疇に
含めて考えるべきです。

　控除説を採ると、デジタルマーケティングの守備範囲は広大になります。
機能別、ブランド別、あるいはブランド別と機能別のマトリックス、どのよ
うにマーケティング組織を切っても、デジタルマーケティングは全てのチー
ムを横断する機能になります。次の章では、まずこのようなものとしてデジ
タルマーケティングを理解した上で、「では、この会社におけるデジタルマ
ーケティングとは、具体的に何と何を担当し、何と何は担当しないのか」と、
デジタルマーケティングチームの SOW を明確にしていきます。この SOW
の定義こそ、まさにデジタルマーケティング業務設計のはじめの一歩です。
これが明確でないと、誰も幸福にならない他部署とのコンフリクトが定常的
に発生するばかりか、戦略も KPI（キー・パフォーマンス・インディケータ
ー）も年間計画も設定できません。

2章

デジタル
マーケティングの
SOW
（スコープオブワーク）
を定義する

2.1

スコープの定義は、デジタルマーケティング業務設計のはじめの一歩

　さて、いきなりですが、皆さんのチームや皆さん個人の「デジタルマーケティング戦略」を説明してください。この問いかけ、少々困ってしまわないでしょうか。例えばデジタル「メディア」戦略を説明せよ、だったり、デジタル「コンテンツ」戦略を説明せよ、と言われればイメージできるものの、組織やチームやロールとしての「デジタルマーケティング戦略」と言われると、「うん、ちょっと待てよ…」となってしまいませんか？その違和感の正体は、前章で議論したデジタルマーケティングの定義の中にあります。

　デジタルマーケティングの定義において「控除説」を採れば、デジタルマーケティングは、マーケティング組織に「遍在」することを認めることになります。「偏在」ではなく「遍在」、1つの場所に「偏って」存在しているのではなく、逆にあらゆる場所に広く「遍（あまね）く」存在している、というあり方です。このことを踏まえ結論を急げば、組織としてのデジタルマーケティング戦略を定義するには、

1. デジタルマーケティングの SOW を明確にし、
2. その中で特に何に注力するかを、マーケティング全体の課題と他のチームとの横の連携の中で決定していく

という2つのステップが必要になります。本章では、まず最初のポイントである **1.SOW の定義** について論じていきます。**2. 注力事項の決定と KPI 設定**については次章で論じていきます。

　デジタルマーケティングがマーケティング機能の各所に遍在しているのであれば、SOW の定義とは他部門とデジタルマーケティング部門との関係性

を定義することに他なりません。前述の通りSOWの定義は戦略策定の前行程として必要不可欠ですが、同時に皆さんのデジタルマーケティングチームを守るためのものでもあります。これが明確でないと評価の対象にならない仕事が増えてしまったり、関係のない仕事の責任を不当に押し付けられてしまったりすることが避けられません。そういったことを未然に防ぎ、皆さん自身や皆さんのチームを守ることも、デジタルマーケティング責任者の大事な仕事です。

2.2

SOWを定義する

SOW を具体的に定義していくには、自社の既存のマーケティング組織を前提とする必要があります。その上でまず既存の組織における各部署が、それぞれ本質的にはどのような役割・ロールを担っているのかを理解する必要があります。例えば、ブランド横串でメディアバイイングを統括するメディア部門があったとして、そことデジタルマーケティング部門の業務の切り分けを整理するとします。このとき、メディア部門が表面上どんなタスクをこなしているか、ということのみならず、組織の中でどんな役割を果たしているのか、その本質を理解し整理していかないと、建設的な業務の切り分けはできません。業務の切り分けに関する話し合いはとかく、「これはやりたい」「これはやりたくない」という感情的な議論に陥ってしまいがちです。マーケティング組織を切る分類軸の本質を理解することで、「メディアチームの本質的な役割はかくかくしかじかですよね。であればこれはデジタルマーケティングがリードし、メディアチームにはこういうことをこういうタイミングでインプットしてもらうのはどうでしょう」という建設的な議論ができるようになります。

今日多くのマーケティング部門は、複数の機能の分類軸を掛け合わせたマトリックス型の組織になっています。この分類軸は大きく３つあると本書では考えます。「マーケティングプロセスによる分類」「必要な知識・スキルによる分類」「担当する情報チャネルによる分類」です。

「マーケティングプロセスによる分類」は、マーケティングをいくつかの工程に分けたときの各プロセスに着目した分類です。ここでは、商品が開発されてから消費者に愛用されるに至るまでの価値の変遷に着目したプロセスで、機能を分類してみます。1. 商品コンセプト開発（価値の設計：Design）

	プレ・アフターセールス	PR	サプライチェーン	R&D	生産	マーケティング	リサーチ・データ分析	クリエイティブ・アートワーク管理	コンテンツ・ツール制作	メディアバイイング	システム・インフラ管理
1 価値の設計 Design	チャネル開発		価格設定	技術シーズ提供	フィージビリティ	**コンセプト開発** segmentation,targeting,positioning USPの定義（機能的&情緒的）					
2 価値の実現周知 Draw		ノンペイドパブ		価値の実現	機能的価値の実現	**ブランディング** 認知・想起・好意の醸成 イメージ・情緒的価値の創造					
3 価値の受け渡し Deliver	値引きリベート		流通			**販売促進** 店舗割引キャンペーン 購買後押しキャンペーン					
4 価値の蒸留 Distill	CS					**CRM** リピート購入促進 エヴァンジェリスト化					

担当する情報チャネルによる分類

デジタル	
マスメディア・ATL	
店頭・イベント	

価値の提供プロセスによる分類　必要な知識・スキルによる分類

▨：デジタルマーケティングはマーケティング組織に遍在する

では、商品の **STP** を定義して、**USP**（ユニーク・セリング・プロポジション）を設定します。2. ブランディング（価値の描画：Draw）では、1. で定義した価値を実際に創り出し、周知します。「価値を創り出す」という点について補足すると、機能的な価値は R&D や生産部門の技術力により実現されますが、情緒的な価値は主に広告・宣伝などのマーケティング活動により実現されます。3. 販売促進（価値の受け渡し：Deliver）では、2. で実現した価値を消費者に受け渡すべく、最終的に商品を購入してもらうためのプッシュを行い、販売のクロージングを行います。4.**CRM**（カスタマー・リレーションショップ・マネージメント）（価値の蒸留：Distill）では、消費者に受け渡された価値が、消費者の中で蒸留され、ポジティブな口コミや他者への推奨、リピート購入につながるロイヤリティへと姿を変えます。

　この分類では、マーケティング部門が商品開発部門、ブランディング部門、販売促進部門、CRM 部門などといった形でサブカテゴライズされます。こ

れらはあくまで一例で、実際には「ブランディング」がさらに細分化されていたり、「商品開発」にはマーケティングが関与しなかったり、ほとんど無限のバリエーションがありえます。ポイントは、自社の組織分類の裏にあるマーケティングプロセスの分類（分解のされ方）をつまびらかにすることです。

　次に、必要とされる知識やスキルによる分類です。「リサーチ・データ分析」部門には、統計やマーケティングリサーチの知識と、問題を定義し仮説を構築する論理的思考能力が必要とされます。「クリエイティブ・アートワーク管理」部門には、クリエイティブに対する目利きと審美的な感覚が不可決です。「コンテンツ・ツール制作」部門は、編集者的な感覚と大量かつ頻度の高い生産・制作作業をこなすプロジェクト管理能力が求められます。「メディアバイイング」部門には、メディアランドスケープ（メディアの趨勢や勃興）の理解、マーケットに存在するメディアやメニューの商品知識とメディアエージェンシーの管理能力が問われます。「システム・インフラ管理」部門にはハードウェア・ソフトウェア両方にまたがったシステムの知識が必要とされます。

　最後に、担当する情報チャネルによる分類です。「デジタル」担当は、常に最新の技術動向やメディアランドスケープにキャッチアップしながら、デジタルの特性を活かし点ではなく線のマーケティングをデザインします。また、豊富なデータを活用し、粒度の細かいコミュニケーションを実現します。「マスメディア・ATL」担当は業界構造や慣習・慣行を深く理解し、スケールメリットを活かしたマーケティングを展開します。「店頭」担当は、売り場の知識やバイヤーなどとの人的な繋がりを活かし、店頭視点から最適なマーケティング計画を立案します。「イベント」担当は、体験をデザインすることの勘所を押さえ、実際のイベント現場では経験を活かしてトラブルシューティングやフロアディレクションを行います。

　これら３つの分類軸は、どれも万能ではありません。それゆえ、今日多

くのマーケティング組織が、これらの軸を組み合わせたマトリックス型の編成になっています。ブランディングと販売促進とCRMを行うチームがそれぞれ存在し（価値の提供プロセスによる分類）、それらを横軸でサポートするメディアチームとリサーチチームがある（必要な知識・スキルによる分類）、などといった具合です。軸のバリエーションが理解できたら、次は自社のマーケティング組織を、この3つの軸を使って図示してみます。その上で、それぞれの部門の本質的な役割を理解し、それぞれがデジタルマーケティングと関係して行う業務を、以下の4つに整理します。

- デジタルマーケティングチームが主幹・相手部署には共有
- デジタルマーケティングチームがリード・相手部署はインプット
- 相手部署がリード・デジタルマーケティングチームはインプット
- 相手部署が主幹・デジタルマーケティングチームは共有を受ける

	価値の提供プロセスによる分類		必要なスキルによる分類	
	ブランドマネージャー コンセプト開発 ブランディング 販売促進CRM		リサーチ・データ分析	メディアバイイング
	デジタルマーケティング			

担当する情報チャネルによる分類

	相手部署		
	ブランドマネージャー	リサーチデータ分析	メディアバイイング
デジタルマーケティングチームが主幹・相手部署には共有	ウェブサイトの企画・運用 SNSの企画・運用	SNS投稿に対するリアクションのモニター	SNSファン獲得広告の運用
デジタルマーケティングチームがリード・相手部署はインプット	デジタル広告のメディアプラン→(ドラフトをブランドマネージャー＆メディアバイイングチームがレビュー)	ソーシャルリスニング(年初の項目設計の際にミーティング)	デジタル広告のメディアプラン→(ドラフトをブランドマネージャー＆メディアバイイングチームがレビュー)
相手部署がリード・デジタルマーケティングチームはインプット	キャンペーン全体設計・カスタマージャーニー(ドラフトをデジタルがレビュー)	ウェブサイト利用者満足度調査(調査設計時にミーティング)	メディアエージェンシーの選定・管理(ピッチに参加)
相手部署が主幹・デジタルマーケティングチームは共有を受ける	年間のブランド戦略	ブランドトラッキング調査	デジタル以外のメディアプラン

　図の例では、「価値の提供プロセスによる分類」では全工程を一貫してブ

ランドマネージャーが担当し、「必要なスキルによる分類」においてリサーチ・データ分析とメディアバイイングをブランド横串で担当するチームが存在する組織で、「担当する情報チャネルによる分類」におけるチャネルのスペシャリストとしてデジタルマーケティングチームが配置されています。

　その上で、ブランドマネージャーとの関係でいえば、ウェブサイトとSNSの企画・運用はデジタルマーケティングチームの主幹としています。デジタル広告のメディアプランはデジタルマーケティングチームがリードし、ブランドマネージャーがインプットします（メディアバイイングチームとの関係性については後述します）。この組織におけるブランドマネージャーの業務の本質は、価値提供のプロセスを一元的に管理することなので、全体のマーケティング計画にはブランドマネージャーが目を光らせ、全体の方針を受けた「個々のパーツ」としてのデジタルメディアプランは、ユーザー行動やベンダーの情報などを集約するべくデジタルマーケティングチームが担う、という考え方です。

　リサーチ・データ分析チームとの関係では、ソーシャルメディアに関するデータインテリジェンス（仕組み化されたデータ分析）全般をデジタルマーケティングチームが担います。しかし、**ソーシャルリスニング**には調査設計が必要なので、そこにはリサーチ・データ分析チームの専門知識を「インプット」してもらいます。ウェブサイト利用者満足度調査などは、他のタッチポイントの満足度調査と合わせてリサーチ・データ分析チームが行いますが、調査上留意すべきテクニカルな項目などに関して、デジタルマーケティングチームが一定のインプットを行います。

　メディアバイイングチームとの関係において、コンテクストが何より大事なデジタル広告はウェブサイトなどコンテンツの企画・運用とも密接に関連するので、この例ではメディアプランもデジタルマーケティングチームがリードをとることにしています。SNSのファン獲得広告はソーシャルメディアのアカウント管理と一体なので、これはデジタルマーケティングチームが独自に行います。ただ、メディアエージェンシーの選定・管理は、全てのメ

ディアを横断したボリュームディスカウントなどの交渉もあるため、メディアチームが音頭をとります。実際に広告をプランし運用するのはデジタルチームなので、選定の際のピッチ（コンペ）にはデジタルマーケティングチームも参加します。

　もちろん、これらはあくまで一例です。紙幅の都合で１つのマスに１つしかアイテムを入れていませんが、実際にはカバーするべき項目はもっと多いでしょう。これを全ての関連部署と実施して、上司のアラインメント（調整）をとるのはかなり時間がかかりますが、これを飛ばしたときに発生するセットバック（手戻り）や業務の無駄な重複、不要なハレーションやチームのストレスを考えれば、十分に時間を投資する価値があります。何より、この作業なくして戦略の策定はおぼつきません。

　一点、このSOWの定義の進め方には限界もあります。前述の３つの分類軸そのものや、それをベースにした実際の組織編制が必ずしもMECE（漏れなくだぶりもない）であるとは限らないのです。また、その実態を関係者が把握していたりいなかったりもまちまちです。例えば先の例で、店頭ツールを作成する部隊がブランド横軸で「リサーチ・データ分析チーム」と「メディアバイイングチーム」と並んで存在しているとして、ブランドマネージャーとツール作成部隊の間でいくつかの業務が重複している、などという例を考えてみましょう。

　店頭POPにQRコードを仕込み、そこからウェブサイトに誘導する、という施策があったとします。ツール作成部隊と「店頭POPはいかなる場合もツール作成部隊が主幹、ウェブサイトはいかなる場合もデジタルマーケティングチームが主幹、連携が必要な場合は企画段階から双方の責任者の承認を得る」というSOWの取り決めをしていたとします。しかし、実は稀にブランドマネージャーも販促ではなくブランディングを目的とした店頭POPを作成することがあり、今回のウェブサイト連動店頭POPはそういった取り決めをしていないブランドマネージャーが作成していたとしたら。突然ウェブサイト制作の依頼がブランドマネージャーからショートノーティス（締切直前の依頼）で舞い込んできたり、知らないところでウェブサイトが作成

されておりサーバー負荷が異常に高まっていたり、無茶苦茶なウェブ導線設計で皆さんのKPIであるウェブサイト利用者の満足度が悪化していたり、ということが起こりえます。SOWをしっかりと設定したからといって、それで全ての問題が解決するわけではないことを頭に入れておきましょう。

章末コラム

マーケティングはもはや
組織の一機能ではなく、一つの思想である

あらゆる組織に共通するマーケティングの機能とは?

「カスタマーマーケティング」という名前を聞いて、どんな仕事をしているセクションを思い浮かべるでしょうか。英語圏の消費財メーカーでカスタマーマーケティングというと、一般的には小売企業のバイヤーに対するマーケティング活動を意味します。ボリュームインセンティブの仕組みを考案したり、なるべく目立つポジションに自社商品を陳列してもらうための提案を企画したりする活動です。

消費財メーカーには、大きく3つのマーケティング機能があります。1つ目はコンシューマーマーケティング。これは商品コンセプトの開発やメディアでのコミュニケーションを中心とした、消費者、つまり「使う人」を対象としたマーケティング活動です。

2つ目はショッパーマーケティング。店頭で商品を選ぶお客様、「買う人」に向けたマーケティング活動で、POPの作成やトライアルセットの企画などがここに当てはまります。同じお客様でも、商品を利用する「コンシューマー」の顔と、店頭で商品を選ぶ「ショッパー」の顔を併せ持っています。また、商材によってはコンシューマー（ドッグフードなら犬）とショッパー（飼い主）が全く異なる場合もあります。

3つ目がカスタマーマーケティングで、仕事の内容は上記の通り、小売企業のバイヤーに対するマーケティング活動です。消費財メーカーにとって、商品を直接買ってくれるお客様（カスタマー）は小売や卸のバイヤーさんなので、このような呼称になっています。

いや、バイヤーが相手なら営業だろ、と考える人もいると思います。それは販売企画だろ、という人もいるでしょう。カスタマーマーケティング、ショッパーマーケティング、コンシューマーマーケティング、何でもいいですがとにかくどこかの会社で「マーケティング○○」「○○マーケティング」

と呼ばれている機能を全てマーケティングと解釈すると、きっとかなりの数のマーケティング機能が、皆さんの会社にも存在することになります。

The Economist 主催の The Big Rethink US というイベントにおけるセッションで、Schneider Electric（シュナイダーエレクトリック）の CMO、クリス・ヒュンメルがこんな発言をしています。

"There is a branding problem in marketing. What is the brand of marketing? What is the value that brings and what is that supposed to do? And I know as I talk to fellow CMOs all over the place, none of us have the same definition, none of us have the same organizational structure, none of us even have the same naming convention for the roles we have."

「マーケティングという言葉自体がブランディングの問題を抱えています。マーケティングが約束するものとは何でしょうか。組織にどう貢献するのでしょう。そもそも何をするはずのものなのでしょうか。だからいつも CMO 仲間と話すとき、マーケティングについて、誰も共通の定義を持っておらず、共通の組織や、役割についての共通の命名ルールのようなものすらないことに思い至るのです。」

彼はこの状態を、マーケティングの「アイデンティティの危機」と呼んでいます。しかし、なぜこのようなことが起こるのでしょうか。「統合マーケティングコミュニケーション（IMC）」という言葉がありますが、「統合販売企画」とか、「統合営業戦略」とか、「統合経理」とか、「統合コールセンター」などというものはありません。

それが会社の一機能なのであれば、部門長のもとサブとなる機能が自ずと全て統合されるので、わざわざ統合○○などという必要はないからです。このことからも、マーケティングというものが、その他の会社機能とはかなり性質を異にするのがわかります。

そうなると頭をよぎるのは、マーケティングとは本来「組織の一機能」とするにはそぐわない概念なのではないか、という考えです。マーケティングの本質を「ブランド体験をデザインすること」だとすれば、それは本来、例えばカイゼンのような「考え方」、大げさに言えば「思想」のようなもので、全ての部署に存在することができ、そして存在しなくてはならないものです。逆に「カイゼン事業部」のようなものが存在しないように、マーケティング部という特定のセクションも、その定義は果たして曖昧にならざるをえないのです。

マーケターは組織を横断した遊軍的な「コーディネーター」に

インターナルブランディングという言葉があります。社員を、様々なシーンでブランドを体現し代弁する存在と捉え、まずは社員に対して商品や社名をブランディングしていくべき、という考え方です。その文脈では、ブランド体験をデザインするという考え方は、例えば人事部門にもあるべきです。株主総会は、投資家という大事なステークホルダーとの重要なタッチポイントですが、そうした現場では財務・IR部門もいかにブランド体験をデザインしていくか、という視点を持たなくてはいけません。

商品開発、広報、営業、コールセンターは言うに及ばずです。商品そのものやパッケージ、パンフレットやPOPなどのマーケティング素材はもちろん、店頭の什器、担当者の立ち振る舞いや服装、口調、全てがブランド体験になります。

アップルのスティーブ・ジョブズやアマゾンのジェフ・ベゾスのようなカリスマ的なリーダーがいれば、全てのステークスホルダーに一貫した体験をデザインし、それを組織全体に浸透させていくことの難易度は高くないかもしれません。そんな存在がいないときに、いかにしてそれを実現するか。それこそが、来るべき時代におけるマーケターの新しいミッションなのではないでしょうか。

ときにブランド体験のデザイナーであり、ときにその伝道師であり、あるいはその監督者であること。名目上どのような名前のチームに所属していよ

うと、マーケティングという「思想」を体現し、影響力や（幸運にも経営者の理解があるときは）組織上の権威を行使して、社内の複数の組織をその思想のもとに統合できる個人、または集団。そんな新時代のマーケターが、ビジネスの成否を決する時代が近く訪れるでしょう。

　メディアを使った広告宣伝機能からスタートし、今やマーケティングは組織の一機能であることすらやめて、1つの思想・考え方にまでそのアイデンティティを拡張しました。これは「アイデンティティの危機」などではなく、サナギが蝶に羽化するようなマーケティングの変節なのではないでしょうか。

3章

年間計画を策定する

3.1

戦略の定義

デジタルマーケティングチームの戦略策定

　デジタルマーケティングチームがマーケティング組織の一機能である以上、その戦略はマーケティング部門全体の戦略の一部である必要があります。ただ、マーケティング部門全体の戦略策定は、本書のスコープ外となるのでここでは立ち入りません。本章では、すでに策定された部門全体の戦略に従って、デジタルマーケティングチームの戦略を策定していくプロセスを見ていきましょう。

　年間計画よりロングスパンの中長期の計画を策定していく場合にも、同様のことがいえます。中長期計画の場合、SOW の大幅な見直しを考慮することができますが、デジタルマーケティングがマーケティング組織の中に遍在する以上、それはマーケティング部門全体の組織計画、ひいては戦略の策定を前提とします。「マーケティング組織全体の計画・戦略？そんなものはない。」ということもあるでしょう。その状況でデジタルマーケティングの戦略・計画だけが求められる、というのはなかなかの事態ですが、現実的には十分ありえることです。全社の戦略として「デジタルマーケティングの強化」などというお題目が株主や本社などに発表されており、その具体案を早急に示す必要がある、などいうケースはよく聞きます。ここでも、前章で議論したSOW の策定がデジタルマーケターにとっての命綱になります。マーケティング機能の中に遍在する、というデジタルマーケティングの本質を会社やマネージメントが理解していれば、全体の戦略策定なくしてデジタルマーケティングチームの戦略策定はならない、ということをある程度は考慮してもらえるはずです。

　そんな努力もむなしく、「マーケティング部門全体の戦略・計画などない、

それでもデジタルマーケティングの戦略は策定しなさい」という事態に陥った場合は、マーケティング部門全体でもっとも重視する項目とそれに応じたKPIを、3つもしくは5つ、上司に選択してもらいましょう。あるいは、幹部を集めこれらを議論するワークショップなどを自らリードして設定しましょう。まずは、3つもしくは5つという数が大事、というよりは、絞る、という行為自体が意味を持ちます。戦略は「何をするか」の定義であるより「何をしないか」の定義なので、多すぎない数を設定し、無理やりにでもそこに合わせてフォーカスするエリアを絞り込んでいく必要があります。新規顧客も大事、既存顧客も大事、ロイヤルカスタマーもそうでない人もみんな大事なお客様、従業員も大事だし株主も大事、などという具合では戦略とは呼べません。それでは野球の監督が「とにかく勝て」と指示をして、あとは座ってただ待っているだけのようなものです。重要な項目をいくつに絞るのが適切か、ということについては答えがありません。ただ、3または5という数字は、人間が構造的に理解・把握しやすいマジックナンバーです。左右どちらでも良いので、手を見てみてください。指が5本あり、節が3つ（親指だけは2つ）あるでしょう。この5、3、2という数字は身体のあらゆるところに登場しますが、そのことが人間の構造理解と何か関係しているのかもしれません。なぜ3つもしくは5つなのか、などというチャレンジを受けた場合は（全体戦略もないのにデジタルマーケティングチームの戦略を設定せよ、などというオーダーを出しておいてそのうえ何を言うか、という感じではありますが）、このように説明しておきましょう。もちろん、本書はこのような簡易的な戦略策定を推奨するものではありません。間違った問題に対して苦労して正しい答えを出すようなことにならないよう、全体の戦略策定はデータドリブン（データ主導）で入念に進めるべきですが、ここでは紙幅の関係でそこには立ち入らない、ということを改めて強調させてください。

デジタルマーケティングのSOWの範疇でもっとも全体戦略に貢献する活動とは？

　マーケティング部門全体の戦略・計画が確認できたら、2章で策定したデジタルマーケティングチームのSOWと照らし合わせて、そのSOWの範疇で何ができるか、何が全体に対してもっともインパクトをもたらすか、を

検討していきます。例えば、マーケティング部門全体の KPI が「**純粋想起**のスコア 5％ポイントアップ」「**NPS**（ネット・プロモーター・スコア）5％ポイントアップ」「売上目標○○の達成（セールスと共有の目標）」という 3 項目だったとします。まずはデジタルマーケティングチームの SOW の中でこれを実現できる打ち手を、可能な限り洗い出していきます。例えば、「純粋想起のスコア 5％ポイントアップ」という項目に対して、以下のような打ち手を洗い出すとします。

- リーチと接触頻度を上げる
  - ソーシャルメディアにおける言及を促進
  - デジタル広告の出稿料を増やす
  - デジタル広告の効率を上げ同予算での露出を増やす
- イメージの独自性を打ち立てる（例 . 静かではないがとにかくパワフルな掃除機）
  - **インフルエンサー**の活用
  - **アンバサダー・エバンジェリスト**の組織化
  - 口コミサイトへの口コミ投稿促進
  - ヒーロームービー（話題集めのための動画）の作成
- イメージを定着させる（例 . とにかくパワフルな掃除機といえば○○）
  - **SOV**（シェアオブボイス）の強化
  - クリエイティブにおけるコンシスタンシー（一貫性）の強化

　ここでは、純粋想起を「接触頻度」「イメージの独自性」「イメージの定着度」から成るものと仮定し、それぞれを強化するためにとりうる手段を列挙しています。アイデア出しに弾みをつけるために、まずはデジタルマーケティングの SOW にこだわらず洗い出すだけ洗い出し、その後 SOW でふるいにかけていくという進め方をしてもいいでしょう。

　次に、現状のリソースと予算で実現可能な、もっとも効果の高い打ち手をこのアイデアの中から選択していきます。4.7.2「効果測定各論」で説明す

る分析手法を使って、何がどれくらい当該KPIに寄与するかがあらかじめ明確に定量化されていれば、その数字に準拠します。大半の場合、施策が特定のKPIにどの程度インパクトをもたらすかは定量化することができません。その際、検討に際して考慮するべきは以下の5つのポイントです。

1. どれだけコントロール可能か
2. 持続可能か（サステナビリティー）
3. 効果測定は容易か（どれだけ走りながら最適化できるか）
4. 競合がより上手く・強く同じことをする可能性はないか
5. チームのケイパビリティー（能力）とマッチしているか

　それぞれについて1〜5点で、もしくはチェックをつけて採点し、採用すべき打ち手を、その他のマーケティング部門全体のKPIに対する打ち手と合計で3〜5つになるように選択しましょう。3〜5個に絞る、ということの意味は、マーケティング部門全体の戦略策定で説明したのと同様です。

　同じことを、その他のKPIである「NPS 5%ポイントアップ」「売上目標○○の達成（セールスと共有の目標）」に対しても実施していきます。その結果、例えば次の3項目をデジタルマーケティングチームの戦略的なフォーカスとして位置づけたとします。あとはそれぞれについてKPIの「項目」を設定し、社内に周知します。

	戦略	KPI項目
1	アンバサダー・エバンジェリストの組織化&ソーシャルメディア言及数の最大化	SNS言及数
2	既存顧客向けコンテンツのカスタマイズ・パーソナライズ	メールマガジン開封率、既存顧客向けサイトの滞在時間
3	**UI**（ユーザーインターフェス）/**UX**（ユーザーエクスペリエンス）の向上によるカタログ請求へのコンバージョン最適化	ウェブサイト訪問からカタログ請求へのコンバージョン率

　KPI の各項目に対して目標値の「実数」をどう設定するかは、デジタルマーケティングチームに与えられた予算をチーム内でどう配分するかと合わせて、画一的に論じることは困難です。全社的な予算配分のルールや、KPI 管理の厳格さ（評価との連動性）、商品ローンチキャンペーンなど全チャネルが合同で行う施策とデジタルマーケティングチーム独自で行う施策のバランスなどが組織によって全て異なり、100 社あれば 100 通りの方法論が必要になります。各社の慣習に従いつつも、KPI の実数に関しては以下 2 つのポイントに留意して設定していきましょう。

　1 つ目は、「チャレンジングかつアチーバブルな（挑戦的だけど達成可能な）」数値を設定することです。目標があまりに非現実的だと、メンバーはレポートの数字を不当に操作することに終始し始めるか、早い段階で完全に諦めてしまいます。逆に簡単すぎると、規定演技が多くなり、あと一歩手を伸ばすには、という「もがき」から生まれるイノベーションを阻害してしまいます。

　2 つ目は、それが統計的に正しいかどうかは脇に置いても、可能な限りファクトベースでかつロジカルに設定することです。例えば過去の類似の事例における実績を参照したり、それもなければ業界のノルム値（標準値）をエ

ージェンシーにヒアリングしたりしながら、なぜその数値を参照するのか、なぜその方程式で数値を組み立てるのかということの正当性をロジカルに説明できるようにしておきます。これには３つの理由があります。１つはハインドサイト（後知恵）として、どこにボトルネックがあったのか、またはどこが想定以上の成功要因だったのかというブレイクダウンが可能になるということです。２つ目のポイントとして、数値の設定に無理があった、あるいは詰めが甘かったことが明らかになったとき、どこの参照値が適切でなかったのかを検証できるため、次回以降のKPIをより正確に設定することが可能になります。最後に、デジタルマーケティングは、ともすれば誰も口出しできない聖域になってしまうか、誰もがケチをつけるエイリアンになってしまいがちですが、KPIの数値化とその厳格さはそのいずれに対しても有効な防御手段となってくれます。

3.2

チームを編成する・
エージェンシーを選定する

　エージェンシーの選定はSOWに大きく依存しますし、会社ごとに容易には断ち切り難い慣例などもあるでしょう。欧米ではエージェンシー選定のコンサルテーションをする「ピッチコンサルタント」という業態がありますが、それだけ定型化は困難な領域ということなので、ここでは具体的な選定プロセスを議論することはせず、検討に必要な知識を整理することにします。まずは各エージェンシーとの契約形態のバリエーションを理解しましょう。次にエージェンシーの種類を整理します。最後に、「キャンペーン」「**オウンドメディア**の企画・運用」「システムマネージメント」の各領域においてエージェンシーを選定する際、それぞれ留意するべきポイントをまとめます。この領域の知識は、本邦では欧米と比べてこれまであまり意識されてきませんでした。総合広告代理店という業態がない欧米では、メディアエージェンシーとクリエイティブエージェンシーを別々にアサインするため、エージェンシーのフォーメーション形成の難易度・重要度が、かねてより日本に比べて高かった、という背景があります。ドライな契約関係で動く欧米のビジネスでは、人間関係などを考慮して取引が長期化することも少なく、より頻繁にピッチが行われる、というのも1つのポイントです。しかし、デジタル時代になって専門領域がいくつも立ち上がることでエージェンシーの業務領域も細分化し、日本でもエージェンシーのフォーメーションに広告主が無頓着であるわけにはいかなくなりました。それどころか、アウトソースできないエージェンシーのフォーメーション形成こそが広告主の一義的な仕事であり、かつビジネスの雌雄を決する重大事であるといっても過言ではありません。長く続いている関係も当たり前のものとはせず、一度現状のフォーメーションを俯瞰して、それを最適化するという視点を持ってみましょう。本章における前提知識の整理は、そのような俯瞰的な視点を半ば強制的にもたらしてくれるという意味で、読むだけでも効用があります。

エージェンシー選定の出発点は、そもそもどこをアウトソースしてどこを内製化するのか、という議論です。これは、マーケティング領域のうち、競合他社との競争においてどこを自社のコアコンピテンスにしていくのか、そのためにどこのナレッジとノウハウを社内に蓄積していくのか、という問題です。例えばそれがブランドマネージメントなら、多くのグローバルFMCGメーカーがそうしているように、その領域はアウトソースせず内製するでしょう。クリエイティブ制作やコンテンツ制作をコアコンピテンシー（コアとなる能力）として、自社でコンテンツスタジオを抱え込んでいるレッドブルのような企業もあります。企業スタンスとして、ソーシャルメディアなどでの顧客とのコミュニケーションを他人任せにしない、という選択もあるでしょう。まずはそのレベルでのマーケティング部全体、ないしは会社の方針を明確にしましょう。その上で、内製しないエリアは当然外注するのですが、本来であれば内製するべき業務でありながら、現時点では社内に担い手がいない場合、目下のところ外部から人を採用するか、アウトソースするしか手段はありません。採用・育成に関しては5章「人材管理・社内調整」で詳細に議論していきますが、いずれも短期で解決できる話ではありません。そうなると、本来はコアコンピテンシーとして内製するべきものでも、つなぎとしてアウトソースしておき、準備が整い次第内製に切り替える、などということも検討しなくてはいけません。

契約形態

エージェンシーとの契約形態は、大きく「**フィー**」と「**コミッション**」に分かれます。フィー制に対応しているのは外資のエージェンシーのみ、という誤解もありますが、日本のエージェンシーでもフィーに対応しているところはあります。「コミッション」というのは、ネットプライス（定価）に対して10%など一定の割合をエージェンシーの手数料として設定しますよ、という契約形態です。例えば、動画などの制作であれば、スタジオ費やタレントのギャラ、衣装などの諸経費を合算したネットプライスに10%など合意した割合を掛けた金額が、エージェンシーのコミッションとして計上されます。コピーライター、CMプランナー、クリエイティブディレクター、ア

ートディレクターなどの費用を「企画費」などとして別途計上する場合もありますが、この場合も時間に応じて変動するわけではなく一律です。この企画費は一律の金額が広告主側であらかじめ設定されている場合もあります。対して、「フィー」というのは、AE（アカウント・エグゼクティブ：広告代理店のクライアント担当営業）はいくら、クリエイティブディレクターはいくら、とあらかじめ人件費の時間単価をそれぞれの業務範囲の定義（SOW）とともに設定・合意しておき、案件ごとにプロジェクトのスコープを明確にした上で、今回はこの人とこの人がこれくらい稼働します、つきましてはいくら請求させていただきます、という見積もりをもらって発注で応じるシステムです。システム開発やコンサルティングの業界では日本でもお馴染みでしょう。日本の企業は、クリエイティブもメディアもコミッションベースで契約することが多いですが、世界的なスタンダードとしては、クリエイティブはフィー、メディアはコミッションで契約する場合が多いです。メディアをフィーベースで契約する、ということも理屈の上では可能で、少ないながら事例を耳にします。

　コミッション、フィーいずれの場合にも、＋αでインセンティブを設定することができます。当該商品の売上などビジネス上のパフォーマンス、アワード受賞、表示数・クリック数・**GRP**（グロス・レイティング・ポイント）など広告パフォーマンスの実績値がその際の判断基準として用いられます。メディアにせよクリエイティブにせよ、通常エージェンシーにはビジネスへの深い理解が求められるので、AOR（エージェンシー・オブ・レコード：メインのエージェンシー）はそう頻繁に変更するものではありません。向こう〇〇年は御社を AOR として使っていきますよ、という契約を前提にフィーであればフィー、コミッションであればコミッションの交渉をするケースが多いでしょう。その際、エージェンシー側でチームを編成し維持していくために、年間の発注ボリュームを広告主側がコミットするケースもあります。また、特にフィーの場合、はじめに SOW とプライステーブルを握る必要があるため、「向こう〇年間」の縛りや発注量のコミットがない場合でも、別のエージェンシーとの契約までには時間を要します。そういった諸々の理由

で広告主側に実質エージェンシーを変更する余地がない場合に、エージェンシー側が有能なスタッフをアサインするモチベーションが働きにくいという問題の解決策として、インセンティブの設定は有効です。

これはデジタルメディアならではですが、特に EC などのダイレクトレスポンス系に特徴的なインセンティブの変則系は、広告経由の売上金額をエージェンシーにコミットしてもらう、というやり方です。経由の売上がいくらまでいけば広告費を支払いますよ、いかなければ支払いませんよ、などという極端なものから、いくらまで行けばコミッションを何％にしますよ、という変動タリフ（料金表）を設定するものまでバリエーションは様々です。これは通常、大手 EC サイトなどでかなりのボリュームの出稿が見込まれる場合のみの対応となりますが、コミッションのパーセンテージを高めに調整すれば中小規模のビジネスでも交渉は可能かもしれません。そもそも**アフィリエイト広告**の場合は、全ての広告が **CPA**（コスト・パー・アクイジョン）なので、売上が立たなければメディアもエージェンシーも ASP（アフェリエイト・サービス・プロバイダー）と呼ばれるプラットフォーマーもコミッションを受けとれません。

コミッション制の広告主から見た利点は、費用の膨らみをコントロールしやすいことです。フィー制の場合は、プロジェクトスコープの変更などにより人が追加で稼働すれば原則それだけ追加費用が発生しますが、コミッション制の場合は「原則」そうではありません。反対に不利な点は、まずはトランスパレンシー（透明性）に欠く、ということです。コミッション制では、エージェンシー側の取り分の内訳が広告主には全くわかりません。実際のスタッフの稼働がネットプライスの 10％ を大幅に下回っている場合でも、広告主はそれを支払わなくてはなりません。また、エージェンシーにとっては、ネットプライスの総額を上げればそれだけコミッションが大きくなるので、なるべく大きな発注をとりたがるモチベーションがより大きく働きます。制作であれば必要以上に豪華なセットや、メディアであればマーケティング上必要十分な投下量以上の広告出稿を勧めるモチベーションが、フィー制と比

べてより多く発生してしまうのは避けられません。

　フィー制の広告主にとってのメリット・デメリットは、そのままコミッション制の裏返しになります。費用の膨らみをコントロールしにくい分、透明性が担保できます。もっとも費用の膨らみに関しては、確かに契約上は合意されたスコープとそれをもとに算出された時間を超えて稼働する義務はなく、それ以上は追加の費用が必要になりますが、実際には契約通りガチガチに追加費用を請求する、というわけではなく、ある程度柔軟に対応することが多いでしょう。そもそもプロジェクトのスコープや業務範囲、それに応じた労働時間を 100 ％正確に管理することは、エージェンシーサイドの労務管理としても不可能です。フィー制では、先にも述べた通り、通常 1 年単位の契約で SOW とプライステーブルを握り、キャンペーンなどの都度それに基づいた見積もりを出して広告主が発注で応じます。このバリエーションとして、年間の発注量とそれに応じたフィーの合計をあらかじめ契約で合意してしまう、というやり方もあります。これを**リテーナー**と呼びます。リテーナーを結ぶことの広告主側のメリットは、エージェンシー側のリソースを確実に確保しておける（リソースが空いていない、とは言わせない）、場合によっては数量コミットを前提とした単価の割引が受けられる、案件発生の際、都度社内の稟議をとる必要がない、などが挙げられます。逆にデメリットとしては、実際の作業発生件数が読みにくい場合は多めに発注してしまうことがある、体制を柔軟に変更できなくなる、などが挙げられます。

エージェンシーの種類

　次に、パートナーシップを組んでいくエージェンシーには、どのような種類があるのかを確認していきましょう。エージェンシーの選定はとかく近視眼的になりがちです。エージェンシーが期待していたようなパフォーマンスを発揮してくれない場合、あるいはそれ以前に業務が円滑に進まない場合、それではエージェンシーを変更しよう、という議論になります。このとき、多くの場合、問題がある 1 つのエージェンシーを同じ業態の競合にスイッチすることが検討されますが、メディア環境が激変する中、実は問題は 1

つのエージェンシーではなく、広告主側の体制も含めた全体のフォーメーションにある、ということも多いでしょう。このような近視眼を脱するために一番効果的なのは、例えば「外資系のクリエイティブエージェンシー」などこれまで無縁と思っていた業態にも目を向けてみることです。興味が湧けば半ば強制的に全体のフォーメーション再編に意識が誘導されるでしょう。

総合広告代理店

メディア、クリエイティブの両方を扱うことができ、デジタル・**ATL**（アバウブ・ザ・ライン）・**BTL**（ビロウ・ザ・ライン）全てのチャネルをカバーする、まさに「総合」の名に恥じない広告代理店です。ターゲットを設定しコミュニケーションの方向性を定めるストラテジー（マーケティング）部門、具体的な施策のアイデアを考えるクリエイティブ部門、メディアプランニングとバイイングを行うメディア部門、全体のプロデュースを行う AE の4セクションによる分業制で仕事を進めていきます。

全てをワンストップで発注できる品揃えの厚さ、人材の豊富さはもちろん、消費者データの分析やメディアのシミュレーションを行う独自のツールを持っているので、調査を一から設計しなくてもファクトベースでの議論ができるのが強みです。スケールメリットのなせる技ですが、そんなスケールメリットはメディアバイイングにも活かされます。メディアによっては、そのエージェンシーを経由した場合の特別価格を設定していたり、特定のエージェンシーが独占販売するメニューを持っていることがあります。デジタル広告の主力をなす**プログラマティック広告**は、オークションで自動的に価値が決まるのでそのような特別価格は適用されませんが、コミッションが他のメディアと合わせた合計の発注金額に応じて割引されることはありえます。これも1つのスケールメリットでしょう。

メディアプランニングにおいては、デジタル領域の細かいプランニングはあまり得意ではない、というのはもう昔の話で、今はどこも高度なデジタルのノウハウを社内か関連会社に抱えています。大手グローバルメディアの日本支社が巨大化するにつれ、企業間の関係構築能力に長けている総合広告代理店がより密度の高い関係性をそれらのメディアと持つようになり、むしろ

知識においてはネット専業をリードするケースも出てきています。

　クリエイティブに関しては、ウェブサイトやバナーの制作は、社外の協力会社に依頼して行うことが多いです。その際、クリエイティブディレクターやアートディレクターが仕上がりをチェックしながら進めていくことにはなりますが、総合広告代理店のCDやADは、マスメディア・ATL出身の人が多いので、UI/UXなどデジタル制作物特有のクオリティー管理に関しては手薄になりがちです。この点関して、詳しくは4.6.2「クオリティーの管理」で解説していきます。

ネット専業広告代理店

　ネット広告を専用に扱う広告代理店で、もともとは**バナー広告**の取次ぎや**運用型広告**の運用代行をその出自としますが、好業績を背景に業務範囲を拡大し、最近ではほとんどがクリエイティブの制作機能なども併せ持っています。また、昨今は「ブランディング領域」のデジタルマーケティングに力を入れているところが多く、購入ファネルの上下にまたがった提案をしようとするので、必然的にストラテジープランニング機能の強化も進められています。ただ、「ブランディング」の意味するところはそれぞれの会社によってまちまちで、共通して言えることは「ECなどのダイレクトレスポンスではない広告活動」というくらいです。ここは業界を横断した議論の深まりが期待されます。

　どの領域も若く、才気溢れる担当者が、それぞれの色を出した提案を持ってきてくれ、その点は、クオリティーとフォーマットが安定している総合代理店といい意味でも悪い意味でも好対照です。ストラテジー担当やクリエイティブ担当は存在しますが、「ストラテジープランナー」「クリエイティブディレクター」などの呼称は業界を通じて定まっておらず、社内のその他の領域や総合広告代理店のカウンターパートとの役割分担も未整備であるため、力を借りる際は実際のSOWとスキル・経験・実績を必ず入念にチェックしましょう。

　デジタルメディアの領域では、ブランディング領域強化の方向性を受けて、テレビCMとデジタル広告をかけ合わせたリーチのシミュレーションなど

を自前で実施するエージェンシーも出てきています。デジタル領域でリード・デジタル・エージェンシーとしてクライアントの信頼を勝ち得て、そこからネット専業広告代理店がメインのエージェンシーとしてキャンペーン全体をとり仕切るような事例も少ないながら出てきました。しかし、マスメディアを握っている総合広告代理店の壁は高く、人材の層の厚さも総合広告代理店に一日の長があるため、そのような事例が一般的になるにはまだしばらく時間がかかりそうです。

クリエイティブエージェンシー

グローバルクリエイティブエージェンシーの日本支社、有名広告代理店の実績のある CD などが独立して立ち上げたいわゆるブティックエージェンシー、デジタルコミュニケーション全般の設計まで業務を拡大したウェブ制作会社、の大きく 3 つの種類があります。

■グローバルクリエイティブエージェンシーの日本支社

日本の総合広告代理店からメディア部門を切り離したようなイメージです。実際のクリエイティブ開発はもちろんのことながら、ターゲット**インサイト**の深堀りから WTS（What to Say）の開発といったコミュニケーション戦略、大筋のメディア戦略を含んだ**カスタマージャーニー**の設計までを手がけ、キャンペーン全体のプロジェクトマネージメントを行います。それゆえ、ストラテジープランナーやメディアプランナーも在籍しています。詳細なメディアプランニングやメディアバイイングはメディアエージェンシーが行いますが、メディア**ブリーフィング**はクリエイティブエージェンシーが広告主を代理して行うこともあります。一方で日本の総合広告代理店のようにストラテジーとクリエイティブの工程が明確には分かれておらず、ストラテジープランナーはデータやマーケティングフレームワークなどストラテジー的な視点をインプットしながら、クリエイティブ系のスタッフや AE などと一緒にコミュニケーションプランを考えていく、という動きをします。

フィー制が前提なので、作業の手戻りが発生して＋αのコストが発生してしまわないように、実制作に入る前に「**クリエイティブブリーフ**」というド

キュメントを作成し、それをもとに広告主とキャンペーンの方向性を握ります。広告主がするブリーフィングではなく、広告主とエージェンシーの間で大きな方向性をすり合わせるためのブリーフ資料です。このドキュメントは契約書のような性格も持ち合わせており、欧米では通常双方でサインをします。ここで決めたことをあとでひっくり返すのはなしね、ということです。流れとしては、広告主のブリーフィングのあとに、第一弾目の企画プレゼン的な位置づけでこのクリエイティブブリーフが広告主に提案されます。

　グローバルなクリエイティブエージェンシーは、どこも哲学ともいうべき独自のスタンスと、独自のマーケティングフレームワークを持っており、それぞれに明確な「色」があります。それぞれのエージェンシーがメンバーの個性を重んじつつも、決して属人的にはならないそれぞれの強みを持っているのは歴史がなせる技でしょうか。

■ブティックエージェンシー

　実績のある総合代理店 OB などが立ち上げたブティックエージェンシーは、その創設者たちの個性に応じて非常に多彩です。引き抜いてきた仲間の属人的な能力に依存することが多いですが、全般的なコミュニケーションプランニングから手がけているところや、単発企画やキャンペーンの１パーツとしての企画開発が得意なところまで様々です。大手総合代理店との繋がりを維持しているケースも多く、大手代理店とタッグを組んだ提案も多いことから、メディアプランニング・メディアバイイング行程との連携はスムーズです。しがらみにとらわれない高いクリエイティビティーと、日本の総合広告代理店とのチームワークを両立させることができるのが大きな魅力です。

■デジタルコミュニケーション全般の設計まで業務を拡大したウェブ制作会社

　スタート時はウェブサイトの設計・開発などを中心に行っていたものの、ソーシャルメディアやオンライン広告などに順次成功裡に手を広げていったエージェンシーです。最近ではリード・デジタル・エージェンシーなどという言葉もありますが、そんな言葉が登場する以前から、デジタルのことならなんでもお任せのデジタル領域におけるスチュワード（執事）のような存在

としてクライアントを支えてきた会社も存在します。もともとはウェブ制作
会社であったことから技術的なバックボーンがあるため、アドテクノロジー
周りや各種デジタルマーケティングツールの導入支援を行っているところも
多く、特定のツールの販売代理店になっているケースもあります。

ウェブ制作会社・システム開発会社

　オウンドメディアとして、あるいはキャンペーンの1パーツとしてのウェ
ブサイト制作や、バナー広告の制作だけを行うウェブ制作会社です。インタ
ラクティブなサイトの開発やアドテクノロジーを組み込む際は、システム開
発も行います。企業ウェブサイトなどを見ると、どこも「デジタルマーケティ
ングのソリューションをワンストップで提供する総合デジタルエージェン
シー」的なキャッチフレーズを謳っていますが、「○○ができる人がたまた
ま一人いる」というだけではそのソリューションを提供しているとは言えま
せん。その人が退職してしまう可能性は業界柄高いですし、そうでなくても
その人のリソースが常に空いているとは限りません。本当にそのサービスを
提供できるかどうかは、それが常に機能しているかどうか、組織化している
かどうかで判断しましょう。本当に恒常的な機能として **POE** 全てのソリュ
ーションを提供できるのであれば、前述の「デジタルコミュニケーション全
般の設計まで業務を拡大したウェブ制作会社」の仲間入りです。

　ウェブ制作会社には、印刷物制作のルーツを持つウェブ制作会社、純粋な
ウェブ制作会社、システム開発のルーツを持つウェブ制作会社、の3つの
種類があります。

■印刷物制作のルーツを持つウェブ制作会社

　静的なウェブサイトしかなかったインターネットの黎明期には、印刷物な
どのグラフィック制作会社がスキルの類似性を活かしてウェブページ制作に
参入しました。言葉は悪いですがその「生き残り」的なウェブ制作会社は、
グラフィックデザインの基礎体力が高い反面、最新のウェブサイト関連の技
術にキャッチアップする能力は他に劣りがちです。もちろん勉強熱心な担当
者がいれば話は別ですし、経営者が採用に投資をしてスキル構成の大転換を

図っているかもしれないので、これはあくまで一般論として、です。

■純粋なウェブ制作会社

　ウェブサイト関連の技術は、サーバーサイドの技術とクライアントサイドの技術に大別できます。サーバーサイドの技術は、例えばホテルの予約など、サーバー側にあるデータベースをプログラムが参照し、それをサーバー側で処理した結果をクライアント、つまりブラウザに返す技術の総称です。ざっくり言うと、いわゆるプログラミングの領域です。クライアントサイドの技術は、例えばエレメント（要素）ごとに下にスクロールするスピードを変える「パララックス」など、ギミックの領域、ウェブサイトの見た目・表示をコントロールする技術の総称です。純粋にウェブ制作会社としてインターネット以降に誕生し、長い間生き残っているウェブ制作会社は、この両方の技術の最新動向に上手にキャッチアップしています。アメリカなどデジタル先進国のトレンドを常に注視し、これまで自分が慣れ親しんだ仕事の進め方を否定してでも、その動向をフォローしようとする姿勢が業界での高い評判を形成します。

■システム開発のルーツを持つウェブ制作会社

　前述の２つの技術のうち、特にサーバーサイドの技術に強みを持ちます。サーバーサイドの技術はさらに開発と運用に分けられます。開発はプログラムを使ってアプリケーションを開発することで、運用はそれを設置するサーバーを管理することです。トラフィックの多いウェブサイトだと、同時に多くの人が負荷の高いリクエストをしてもサイトが落ちたりしないようにサーバーを設計し、管理することは容易ではありません。そのあたりも含めて手厚いケアが期待できるのがこのタイプのウェブ制作会社ですが、最近はクラウド型のウェブサーバーが主流なので、このようなサーバー管理の必要性は以前に比べて下がってきています。クラウド型のウェブサーバーは、非常に高いサーバー管理能力を持つ会社が運用するデータセンターにスペースを間借りするという点は従来のホスティング（管理スペースと筐体の間借り）サービスと同様ですが、従量課金制でトラフィックに応じて自動的にサーバー

をスケールアップ（スペック増強）・スケールアウト（増設）してくれます。これにより、必要なサーバーのスペックを見積もったり、セットアップや増強計画を考え、実行するスキル＝運用能力は、ウェブ制作会社に以前ほどは必要とされなくなってきました。開発の領域に関しては、データベースを用いた動的なウェブサイトの設計はこのタイプのウェブ制作会社がもっとも得意とするところですが、開発技術は栄枯盛衰が激しく支配的な技術がすぐに時代遅れになってしまうので、常に新しい「血」を入れて最新の技術動向にキャッチアップしようとしているのかという点についてチェックが必要です。

　これまでの話をまとめるために、ウェブサイト開発の登場人物を整理しましょう。まずはデザイナーが全体の見た目をデザインします。ここは「グラフィックデザイン」の領域で、印刷物制作のルーツを持つ会社が強みを持ちます。次に、コーディング（プログラミングや HTML ファイルを作成すること）の担当者がクライアントサイドの技術を駆使してそれをブラウザに表示させ、閲覧できるようにします。ここは純粋なウェブ制作会社が得意な領域です。ホテル予約サイトなどインタラクティブなサイトであれば、アプリケーションを開発しそれをデータベースなどとともにサーバーに設置する必要がありますが、高度なプログラミングであればシステム開発のルーツを持つウェブ制作会社がもっとも信頼できます。

　ただし、これらは全て一般論なので、このように類型化すること自体に大きな意味があるわけではありません。ウェブ制作会社の強み弱みはこういう所に出てくるものなのだ、ということを理解して選考の際のチェックポイントにしてください。もっとも、総合広告代理店やクリエイティブエージェンシーを通してこのようなウェブ制作会社を使っている広告主は、こうした孫請け先との直接の接点はほとんどないでしょう。制作会社・システム開発会社の質は、ソースコード（テキストエディタなどに書かれた、プログラムやウェブサイトの大元のデータ）の美しさやシステム設計の合理性など表面的なデザインより下の層にも反映され、それらは UX やサイトのメンテナンス性を左右しますが、完成されたサイトのみをもってそれらを評価するのはと

ても困難です。完成した住宅をチェックして耐震性を評価するのが不可能なのであれば、ハウスメーカーを選定する際に信頼できる会社を選ぶほかないように、ウェブサイトの表面には現れないクオリティーを担保するには、ウェブ制作会社の適切な選定がものをいいます。孫請けに出す場合は事前にウェブ制作会社をレビューさせてもらうよう、クリエイティブエージェンシーにお願いしておきましょう。下請け先が孫請け先の選定や管理を怠らないよう抑止力を働かせることにも繋がります。もちろん、下請け先には孫請け先と直接取引を始めることが趣旨ではない旨明確に伝えておきます。しかる後に、前述のポイントを頭に入れて制作会社の過去の仕事をチェックするようにしましょう。

調査会社

　キャンペーンの戦略立案に際して調査を実施する場合は、総合広告代理店やクリエイティブエージェンシーのストラテジー担当が調査会社や自社のデータを使って調査をしてくれます。それ以外の場合、例えば部門やチーム全体の戦略を策定するに際して調査を実施するときなどは、調査会社を選定しそこに調査を依頼することになります。また、エージェンシーが提出してくれる調査結果を正しくジャッジし読み込むためにも、デジタルマーケターは須く調査会社を使った調査に習熟しておく必要があります。

　よくマーケティングリサーチと言いますが、本来リサーチとは、「広い意味での調査」を意味し、例えばウェブ検索で関連情報を調べるのも「リサーチ」です。これに対して、調査会社を使ってアンケート票（クエスチョネア）を作成して実施する調査を**サーベイ調査**（サーベイ）と呼びます。ここではこの「サーベイ調査」を実施する想定で話を進めます。

　インターネット上には簡易なアンケート調査を実施できるサービスがたくさんありますし、そういったサービスを使えば自社が出しているメールマガジンやウェブサイト上でもサーベイ調査が実施できます。また、場合によってはバナーやコンテンツの出し分けなど、実際のマーケティング活動がそのままサーベイ調査になったりすることもあります。それゆえ、デジタルマー

ケターの中には調査会社を使ったサーベイに必要性を感じない人も多いでしょう。しかし、調査会社を使った専門的な調査と、それらの簡易的な調査は全く別物です。

こんな質問をされたことはないでしょうか。「ウェブサイトの訪問者を対象にアンケートをとりたいんだけど、何人分くらいの回答を集めれば調査として成り立つかな？」。この問いに対する答えは、その調査がウェブサイト利用者「だけ」を対象にしたサービスの企画などに向けたものでなければ、何人分集めても調査としては成り立たない、です。

調査には政府などが実施する全量調査である**センサス**と、母集団の一部をサンプルとして抽出して実施する**サンプル調査**があります。サンプル調査はお味噌汁の味見のようなものです。お味噌汁の味見をする際、正確な味を見るためにはお味噌汁をしっかりとかき混ぜる必要があります。しっかりかき混ざっていなければ、それがスプーン一杯なのか、お椀一杯なのか、どんぶり一杯なのか、寸胴鍋一杯なのかはあまり関係がありません。調査会社を使ってサーベイを実施する際は、彼らが保有する**調査パネル**を利用しますが、まずはこのパネルが「しっかりかき混ぜてある」状態であることが１つのポイントです。また、実際の調査を設計する際は、例えばスポーツジムのヘビーユーザー、ミドルユーザー、ライトユーザーをそれぞれ300人ずつ、などといった具合に、データの「**割付**」を行うのが一般的です。普通に結果を回収すると、ヘビーユーザーというのは市場にあまり多く存在しないので、十分な深掘り調査ができない可能性があるのです。また、データの割付をした上で回収したアンケートの結果をGT（グロス・トータル）で見る場合、ヘビーユーザーというのは実際には市場にはあまり存在しないわけですから、ミドル、ライトと同じ数が存在する想定でそのまま集計すると歪んだ調査結果になってしまいます。そこで、ミドルユーザー、ライトユーザーの結果に重み付けをして結果を補正する、**ウェイトバック**という作業を行います。ウェイトバックをするにはヘビーユーザー、ミドルユーザー、ライトユーザーそれぞれの母集団における「出現率」を把握する必要がありますが、それを補捉する**スクリーニング調査**は別途事前に行います。このように、「し

っかりお味噌汁をかき混ぜる」ためには大変な手間がかかるわけですが、そこに調査会社の存在意義があります。

調査会社の選定基準は、まさにこのような調査設計の能力です。まずは日本の消費者をしっかりと代表する調査パネルを持っているかどうかですが、大手の調査会社であればここに問題があることはないでしょう。あとは、担当者の能力の問題です。特に重要なのは、明確なアウトプットイメージを持った調査設計ができるかどうか、という点でしょう。アウトプットイメージは、持っていればそれでいい、というわけではありません。そのアウトプットが実際にビジネスを変えてくれるか、明確な打ち手に繋がり、その打ち手がビジネスにインパクトをもたらすか、という点がアウトプットイメージの良し悪しを分けます。営業担当はもちろん調査設計の担当者も、デスクにこもってデータを分析しているのが至上の喜びです、というタイプよりは、コミュニケーション能力が高く、発注主である皆さんのビジネスに対する好奇心と洞察力を持った人が望ましいので、そのような担当者をアサインしてくれる調査会社をパートナーとして選定しましょう。

大手の調査会社は、定期的なアンケート調査に基づいて、マスメディアとデジタルを横断したメディア接触から、その人が実店舗で何を買ったのかという購買データまでを捕捉できるパネルを持っています。最近は、そのパネルのデータを **DMP**（データマネジメントプラットフォーム）（3.3「マーケティングツール投資の計画を立てる」参照）の**クッキー**情報と付け合わせ、ウェブ上で自社が展開する全てのバナーやサイトと接触した人が最終的に実店舗で購買に至っているのか、ということを分析できるサービスを提供している調査会社もあります。自動車など購入頻度の低い商品の購入者はあまり出現しないのと、消費者の記憶力に頼るものなので正確性に問題がないとは言えませんが、活用できそうな商材を扱っていれば調査サービスとは別に採用を検討してもいいでしょう。

コンサルティング会社

　コンサルティング会社のデジタルマーケティング領域での評価は、本邦ではまだ定まっていません。しかし、調査会社のところで述べた「調査のアウトプットイメージ」というあたりのポイントは、むしろ彼らの専門領域です。なまじデータが豊富に手に入る分、ともすればそれを大事に丁寧に扱わず、問題の分析も仮説の立案もせずにいきなりツールを開いてデータに飛び込んでしまいがちなデジタルマーケターに、コンサルティング会社は警鐘を鳴らしてくれるかもしれません。また、日本ではとかく経験や事例が重視され、ファクトに基づく学問的・体系的な知識が軽視されがちですが、1.1「なぜ『実務ガイド』なのか」でも述べた通り、事例というのは「糖尿病を乾布摩擦で治した」という例のように個別具体的な状況にしか当てはまらないこともままあります。まさに本書がそのような試みなのですが、彼らコンサルティング会社が事例をさらに蓄積し、それを体系的な知識にまとめ上げていけば、デジタルマーケティングはまた大きく一歩前進するでしょう。

エージェンシー選定のプロセス

　最後に、「キャンペーン」「オウンドメディアの企画・運用」「システムマネージメント」の各領域におけるエージェンシー選定プロセスについて、それぞれポイントをまとめていきます。

①キャンペーン

　本書で以後「キャンペーン」と呼ぶのは、「始まりと終わりがある、特定の目的を持った一連のマーケティング活動」で、「プロジェクト」と読み換えても意味は通じます。「新規会員獲得キャンペーン」などの狭義のキャンペーンを意味するのみならず、「新商品のローンチに向けた一連のマーケティング活動」など広範で複数の活動を内包するプロジェクトもここでは「キャンペーン」としています。キャンペーンの企画・運用をお願いするエージェンシーに関しては、通常メインのエージェンシー（AOR）を一社選定して1年から数年の単位で契約をし、その間はそのエージェンシーが原則全てのキャンペーンの面倒を見てもらうようにします。案件ごとに都度ピッチ

を開催することも可能ですが、ブリーフィングをし、提案を受け、社内で提案を精査し、というプロセスを数社分繰り返すだけでもかなりの労力を要しますし、その後ピッチに勝ったエージェンシーにビジネスの成り立ちや社内の企画承認・発注・支払いプロセスについてキャッチアップしてもらうにも相当な時間を要します。AOR を選定し、複数年で契約を結ぶ企業が多い理由はここにあります。AOR を選定しつつも、大型で大事な企画をそれだけ切り離してピッチにする、ということはありえますが、実現するには AOR との契約を、それを想定したものにしておく必要があります。パッケージゲームなど業界によっては、AOR を全く選定せず、オウンドメディアなどオールウェイズオン（始まりも終わりもなく常にオンの状態）の活動は専用のエージェンシーを選定して年単位の契約を結び、キャンペーンはゲームタイトルごとに都度都度ピッチしてエージェンシーを選定する、などとしているところも存在します。

　AOR をピッチで選定していくには、まずエージェンシーのフォーメーションを考えなくてはいけません。総合広告代理店に全てをお願いするのか、クリエイティブとメディアを分けるのか。デジタル領域についてはそこだけ切り出してリード・デジタル・エージェンシーを配置するという選択肢もあります。原則、エージェンシーの数を増やせば増やすほど、広告主が社内でやらなくてはいけない業務は増えていきます。例えばクリエイティブとメディアを分ける場合は、広告主がクリエイティブとメディアそれぞれを対象に別々にブリーフィングを実施し、それぞれから提案を受けつつ、コミュニケーションプラン上の結合部分がうまく繋がっているかどうかを確認しなくてはいけません。バナー広告の入稿サイズ一覧など事務的な連絡が行き届いているかどうか、しっかり目を光らせておく必要もあります。
　一方で、メディア、クリエイティブ、デジタルの各エージェンシーをそれぞれ別々に管理することのメリットは、ベスト・イン・クラス（その分野でのトップを集めた）のエージェンシーを各領域でアサインすることができるということ、及び数年に１度のピッチが全てをフルリフォームする一大工事になってビジネスの継続に支障が出る、というようなリスクを軽減できる

ことです。

ピッチに向けては、ロングリストの段階ではなるべく多くの候補を洗い出します。その後、インターネットを使った調査や知人へのヒアリングで、評判やスコープの適合性などを確認してロングリストをショートリストに絞り込んでいきます。ショートリストの候補には、メールや電話などでアプローチしてピッチに参加してもらうよう呼びかけます。選定に際しては、まず模擬的なブリーフィングをして、実際に企画やクリエイティブブリーフの提案をしてもらうのに加え、経済的な条件も合わせて提案してもらいます。その際、ブリーフィングから企画提案までの間に、どのような質問をするのか、どのように広告主とインタラクトするのかを細かく見ておきましょう。一度広告主も含め全員で集まってブレストを実施する、同じく関係者全員で集まってワークショップを開催するなど、可能な限り普段の提案と同じ進め方で企画の提案をしてもらいます。この過程で、実際に顔を突き合わせて働くことになる現場レベルとのケミストリーも確認する必要があります。それゆえ、ブレストやワークショップには、実際に現場を担当するスタッフに必ず参加してもらうようお願いしましょう。一度もブレストやワークショップを開催しない、というエージェンシーとはケミストリーを確認するチャンスがないかもしれませんが、そもそもそのようなエージェンシーとは選定後も同じ程度のコミュニケーションしかとれないことに留意するべきです。最終的には、提案内容、提案までの進め方、コミュニケーションのとり方、経済条件を総合的に判断してエージェンシーを選定します。経済条件（レミュニレーション）はもちろん重要ですが、ここを引っ込めあそこを引っ込めで調整の余地があるところでもあります。結果としての提案のクリエイティビティーと、何より提案までのプロセスはエージェンシーのコア・コンピタンシーであり調整が利くものではないので、最終的な一社の選定にはそれらをより重視するべきでしょう。

②オウンドメディアの企画・運用

ソーシャルメディアやメールマガジン、公式サイトなどのオウンドメディアの運営をエージェンシーにお願いする場合、その選定プロセスはキャンペ

ーンを担当するエージェンシーとは多少異ってきます。キャンペーンの企画・運用が短距離走であるのに対して、オウンドメディアの企画・運用は長距離走であると言えます。長距離走においては、事前に作戦や計画を立てておくこともちろん大事ですが、それ以上にそれを実行する粘り強さ・意志力や柔軟性が勝負を分けます。実際に陸上競技の長距離走に例えると、「はじめはペースを保って後半に一気にスパート」という計画があったとしても、後半にスパートをかける体力が残っていなければ元も子もありませんし、他の選手の出方や天候の変化によっては計画を柔軟に変更する必要が出てきます。オウンドメディアの企画・運用をお願いするエージェンシーを選定する際は、そのことを念頭に置きながらエージェンシーからの提案に耳を傾けます。プロセスとしては、ロングリスト→ショートリストの絞り込みまではキャンペーンと同様ですが、模擬的なブリーフィングはウェブサイト上の一コンテンツやメールマガジンの一エディション、あるいはソーシャルメディアの一ポストを想定して行い、それに対する模擬的な提案の重要度はキャンペーンより低くなります。より重要なのは年間を通じた計画の提案や、何より運用体制とその変更ルールについての細かい提案です。人員がうまくはまらなくなったときに無理なく変更に応じてくれるか、急な対応依頼などにも無理なく対処してくれるか、といった点を入念に確認し、合意内容を契約に折り込んでいきます。「無理なく」というところがポイントで、個人のスキルやハードワークに依存する属人的な組織は長距離走には向いていません。同じ機能を発揮できる、かつスキルの粒が揃った人員を十分に抱えている会社は、規模の大小を問わず（大企業が有利にはなりますが）組織がよく考えられておりトレーニングなどもしっかりしているので、そのあたりのポイントも確認しましょう。

　長い間、場合によってはマーケティング部門内の他のチームの同僚より密に膝を突き合わせて仕事をしていくので、現場レベルの担当者とのケミストリーはキャンペーンの AOR 以上に大事です。ピッチで提案・プレゼンをする担当者（社長だったり担当役員だったりする場合もあります）と、実際に現場で仕事をする担当者が異なる場合も多々あるので、現場レベルとのケミストリーミーティングはそれだけ切り出して実施しましょう。これはキャン

ペーンの AOR 選定の場合も同様ですが、通常日本の会社では序列に応じて発言数が決まる傾向にあるので、上席がいる会議の場では現場レベルとのケミストリーはあまりうまく確認できず、プレゼンテーションやワークショップに現場レベルを同席させるだけでは不十分なことも少なくありません。

契約形態に関しては、運用委託の場合フィーが多いですが、業務内容が定型化しやすいので、リテーナーとして年間契約でフィーを握っておくのが管理上有利です。

③システムマネージメント

システムの構築や運用をお願いするエージェンシーは、リード・デジタル・エージェンシーとしてオウンドメディアの管理を含めコンテンツ・インフラ双方を仕切ってくれるところが理想的ですが、そのようなケイパビリティーを持った会社は多くはありませんし、あったとしてもコストは割高になりがちです。それが金額的に折り合いがつかない場合は、コンテンツに紐付くシステムは当該コンテンツを担当するエージェンシーに任せつつ、新規に導入する、例えば DMP や CRM などのシステムについては、オウンドのエージェンシーやメディアエージェンシーとの連携も考慮した上で、システム間のデータ連携を見据え可能な限り 1 つの会社に面倒を見てもらう前提でピッチを計画します。それを実現するには、まずは広告主サイドでシステムの全体像とロードマップを思い描いておく必要があります。もちろん細かい仕様のレベルではなく、「何が実現したいか」という要件のレベルで構いません。例えば「CRM データを広告やオウンドメディアの最適化に用いたい。来年以降には、CRM データベース上の売上情報をもとに、広告やオウンドメディアの効果測定を実施していきたい」などといった粒度で「実現したいこと」を整理します。MA、DMP など個別のトレンドに飛びついて、「これ、ウチでも何かやりたいんだけど」と散発的に、長期のビジョンを欠いた状態で話を持ちかけることは避けましょう。そのような話を持ちかけられたエージェンシーは、売上も上がるし断るのは失礼と考えるところも多いために提案を持ってきてしまいますが、これが往々にして後々大きな問題に発展します。データベースやシステムは、はじめに大きな絵を描いてから設計しておかな

いと、あとでスパゲッティー状態になってしまい毎回それを紐解くだけでも一苦労になるのです。そのようなことを避けるために、まずは長期的な視点で「何を実現したいか」を整理しましょう。

　ロングリスト→ショートリストで候補を絞ったあとに、長期の展望とそれに基づく今年のスコープを伝え、具体的なシステムの計画とコストを提案してもらいます。その際、コストに関しては今年のもののみならず上記の長期展望が完結するまでの概算をもらっておきましょう。家の耐震性を設計図を見ただけで判断するのは困難なように、この提案のみをもってしてシステム設計の巧拙をすべて判断するのは簡単ではありません。ここは候補を絞る時点で、過去の実績や業界での評判をヒアリングするなどして、パートナーそのものの信頼性を担保するようにしましょう。その他の選定のポイントはオウンドメディアと同様、長距離走を走り抜く持久力と柔軟性です。オウンドメディアと同様のプロセスで可能な限り柔軟なプロジェクト進行を担保してそれを契約に折り込んでおきましょう。

3.3

マーケティングツール投資の
計画を立てる

　デジタルマーケティングの年間計画策定が、他のマーケティング領域と大きく異なる点の1つは、マーケティングツールに対する投資の計画を伴うことです。3.1.「戦略の定義」で定めた戦略の打ち手として、ツールを入れて業務の効率化・底上げを図るという選択肢もあるということです。投資の対象となるマーケティングツールのオプションを把握しておくには、常に最新のアドテクノロジーやインターネット技術の情報にアンテナを張っておく必要があります。インターネットマーケティング関連のイベントに参加する、国内外のデジタルマーケティング情報サイトをよく使うSNSでフォローするなどして、常に目を光らせておきましょう。

　このチャプターでは、マーケティングツールを「アドテクノロジー」「サイト設計・運用のインフラストラクチャー（基盤となるシステム）」「データインテリジェンステクノロジー」の3つに分類し、それぞれの分野で注目度の高いツールをピックアップして、それらの特徴と導入・選定のポイントを解説していきます。

- アドテクノロジー
  - プライベートDMP ／ **CDP**（カスタマー・データ・プラットフォーム）
  - **マーケティングオートメーション（MA）**
- サイト設計・運用のインフラストラクチャー
  - **CMS**（コンテンツ・マネージメント・システム）
  - **CDN**（コンテンツ・ディスプレイ・ネットワーク）
- データインテリジェンステクノロジー
  - データビジュアライゼーションツール・ダッシュボード

プライベートDMP

　DMP は、ブラウザクッキーを主キー（データを１つに特定できる背番号）としたデータベースで、固有のブラウザ（のユーザー）のインターネット上での行動を細かく記録することができます。いわゆる**リターゲティング**で使われるのも、タグを埋め込んだ特定のページを訪問したかどうか、という固有のブラウザの行動に関するデータです。他には、**アドネットワーク**や**DSP**（デマンド・サイド・プラットフォーム）などの広告プラットフォーマーが、あらかじめサイトに付与しておいたカテゴリー情報をもとにしたサイトの閲覧履歴や、検索エンジンにおける検索履歴などを記録することができます。通常この DMP は、上記のような広告プラットフォーマーが保持しており、広告主に対するサービスとして、ターゲティングに活用してもらうべくデータを提供しています。プライベート DMP とは、この DMP を広告主が自社で独自に持つ場合の呼称です。これに対して、プラットフォーマーが広告主に開放している DMP は**サードパーティー DMP** と呼ばれます。

　プライベート DMP を活用することのメリットの１つは、自社の CRM データ（実名データ）を広告に活用できることです。例えば、CRM データベース上で商品 A の購入履歴があり、かつ最後の購入から２ヶ月以上経過した顧客だけに広告を表示する、などということが可能になります。これを実現するには、クッキーベースの DMP のデータと CRM データベース上のデータを「紐付け」する必要があります。具体的には、メールマガジンなどにパラメーター（プログラムの一部を分解した文字列）のついたリンクを仕込んでおき、そのリンクをクリックしてもらうことで、DMP 側に「このクッキーの利用者は CRM データベース上で言うとこの人です」という情報を渡すことができます。紐付け目的で配信したメールマガジンを、CRM データベース上にいる全ての会員が開封するとは限りませんし、仮に開封したとしてその全員がリンクをクリックするとは限りません。それゆえこの紐付け作業は決して 100％にはならないのと、大多数とみなせる一定の割合に到達するまでには時間を要します。

プライベート DMP の広告利用について、その他に必要な作業は、アドネットワークや DSP へのつなぎ込みです。これは時間も工数もさほどかかりませんが、利用しているプライベート DMP サービスと、つなぎ込み先の（よく利用する）広告プラットフォームとの互換性をあらかじめ確認しておく必要があります。プライベート DMP 自体をゼロから自社で開発する必要はなく、ベンダーが提供するプライベート DMP をクラウド上で利用するのが一般的ですが、その際ベンダー選定の大きな判断基準になってくるのが上記の互換性です。

　注意が必要なのは、個人情報保護方針におけるクッキーデータの取り扱いです。DMP の主キーであるクッキー ID は、通常数字とアルファベットの羅列なのでそれだけでは個人情報保護法上の個人情報（本人を識別できる情報）には該当しません。しかし、広告主や管理を委託しているエージェンシーが、管理ツール上で CRM データとの紐付け状況を確認できれば、その時点で個人を特定できるようになってしまうので、クッキー情報も前述の「紐付け」を行ったあとのものは個人情報と解釈され得ます。プライベート DMP を導入して CRM データを広告に活用する場合は、このことを踏まえて個人情報保護方針の改定を検討する必要があります。

　プライベート DMP 導入のもう 1 つのメリットは、マーケティングオートメーションを使ったオウンドメディア側でのコンテンツの出し分けです。この点については次の「マーケティングオートメーション」で詳しく解説していきます。

　実は、広告サイドのことだけを考えると、CRM データベースとの連動を考慮しないのであれば（匿名の世界で完結するのであれば）、前述のサードパーティー DMP だけで相当細かいターゲティングを実現することができます。例えば、商品 A の詳細ページを見た人で商品 A のサンクスページを見ていない人（つまり購入していない人）にバナー A を表示し、商品 B の詳細ページを見た人で同じく購入していない人にはバナー B を表示する、な

どといったターゲティングであれば、タグの設置方法を工夫すればサードパーティー DMP（リターゲティング）のみで実現が可能です。また、例えばフェイスブックやグーグル、ヤフーなど会員 ID 基盤を持つプラットフォーム（以降、説明の便宜上、これらをファーストパーティー型プラットフォーム、その他をサードパーティー型プラットフォームと呼びます）には、「**カスタムオーディエンス**」などといって、自社の CRM データをアップロードすれば、その会員 ID をメディア側が持つターゲティングのキー（ログインID やクッキー ID）と暗号化した状態で紐付けてくれるサービスもあります。共通で持っているメールアドレスなどの情報をもとに、この人とこの人は同一人物です、という紐付けをプライバシーに配慮しつつ行うのです。サードパーティー DMP 上にファーストパーティー DMP を仮想的に構築するようなイメージです。

　以上を踏まえると、現時点でのプライベート DMP の広告利用は、上記のようなカスタムオーディエンス機能を持っていないサードパーティー型プラットフォームに自社の CRM データを繋ぎ込みたい場合に限定されてきますが、これらのプラットフォームは現在岐路に立たされています。iOS11 とmacOS Sierra 上で動くブラウザ「サファリ」に搭載された **ITP**（インテリジェント・トラッキング・プリベンション）という機能により、サファリユーザーに対しては、アドネットワークや DSP に掲出される広告のコンバージョンのトラッキングと、リターゲティングをはじめとしたクッキーベースの行動ターゲティングができなくなったのです。この問題により、ITP 問題を回避できるクッキーの持ち方や、そもそもクッキーに依存しないトラッキングが可能なファーストパーティー型プラットフォーム以外は特別な対策を講じる必要がありますが、現時点での各社の対応はまちまちです。その意味では、広告利用を想定したプライベート DMP の導入は様子見とする広告主もいるかもしれません。

　一方で、より広義の概念として提唱され始めている CDP という考え方のもとでは、匿名データ（クッキーベース）と実名データ（E メールベース）

を一元管理することが理想とされており、外部のプライベート DMP をクッキーデータの **SVOT**（シングル・バージョン・オブ・ザ・トゥルース）として管理することの有用性は、その文脈ではむしろ増しているともいえます。以下で説明する MA も各ツールがプライベート DMP 的な機能を内包しているものの、それを広告利用のプライベート DMP と同期させるには、どこかで SVOT を管理しておかなくてはなりません。クッキーベースの情報を全てプライベート DMP で一元管理し、それを CRM データベース上の最新情報と紐付けることで CDP が実現します。CDP は一つのデータベースではなく、複数のデータベースやシステムを繋ぎ合わせて管理する全体の枠組み（プラットフォーム）です。このあたりはデジタルマーケティングの最深部という感じではなかなか素直には理解できないかもしれませんが、4.7.2「効果測定各論」まで読み進み P201 の図を解読できると、翻ってこのパートもより明確に理解できるようになるでしょう。

マーケティングオートメーション:MA

　プライベート DMP と合わせて活用されることが多いのが MA（マーケティングオートメーション）です。プライベート DMP のページで説明したのは、実名データ（CRM データ）を匿名データ側（アドネットワーク DSP ／ウェブサイト）で活用する例でしたが、こちらのマーケティングオートメーション（MA）ツールと掛け合わせれば、その逆も可能になります。つまり、匿名データ側の情報（クッキーデータ）を活用し、実名データを使って配信するメールマガジンなどのコンテンツを最適化するのです。例えば、MA を活用すれば、サイト上で特定の商品のアイテム詳細ページを見たユーザーにだけ、メールマガジンの特定のエディションを配信する、というようなことが可能になります。MA ツールの中には、メール配信ツールと **API**（アプリケーション・プログラミング・インターフェース）で連携できるものもあり、その場合は特定のウェブ上でのアクションをトリガーとしてメールを自動配信させることなども可能です。API とは、簡単にいうと、システムが他のシステムとやりとりをするときの窓口のようなものです。従来のシステムでは、システムとシステムをつなぎこむ際、例えば既存の顧客管理システムと商品

管理システムの情報を、新しく作る CRM システムに繋ぎこむ際、その都度システム間のインターフェース（対話の窓口）を構築する必要がありました。ビルとビルの連絡路を作るのに、双方の壁を破壊して通路で繋ぐようなイメージです。API は、あらかじめビルに他のシステム用の入り口を作っておき、繋ぎこみたいビルが出てきたときには、そのビルから来た人だけに鍵を渡すようなイメージです。

　また、このようなことは、MA を活用すれば自社のウェブサイト上でも実現できます。例えば、特定の商品のアイテムページを見たユーザーにだけ、トップページ上でその商品のトライアル（お試し）キャンペーンを告知したバナーを表示する、などが可能になります。これだけであれば、匿名データの世界で完結してしまう話ですが、MA& プライベート DMP の本領は、匿名データと実名データをまたいだときに発揮されます。この組み合わせがあれば、例えば CRM データベース上で商品 A の購入履歴があり、かつ最後の購入から 2 ヶ月が経過しているユーザーに「のみ」、トップページに再購入促進のバナーを出す、といったようなことが実現できます。

　プライベート DMP を導入するのであれば、ぜひ MA の導入と合わせて検討しましょう。前述の通り MA ツールの中には、プライベート DMP の機能を内包しているものもありますが、広告や効果測定などでクッキーベースのデータを使用する際にデータを一元化する意味で、プライベート DMP を別途構築するのが理想です。最後に「実現したいこと」ごとの必要なセットアップを整理したので、解説と合わせて参考にしてください。

		匿名データを （プライベートDMP）	実名データを （CRMデータベース）
実名データ（メアド）でターゲティング / Owned	メールで 活用	MA＋プライベートDMP ①	MA（自動配信する場合） or メール配信ツール ②
匿名データ（クッキー）でターゲティング / Owned	ウェブサイト で活用	MA＋プライベートDMP ③	MA＋プライベートDMP ④
Paid	アド で活用	サードパーティーDMP ⑤	プライベートDMP ⑥

例 /

①商品 A のアイテム詳細ページ閲覧者にメールを配信する

②商品 A 購入者に 2 ヶ月後に再購入促進メールを自動送信する

③商品 A のアイテム詳細ページ閲覧者だけに、再購入促進のトップページバナーを掲載する

④商品 A 購入者で購入後 2 ヶ月経過している人だけに、再購入促進のトップページバナーを掲載する

⑤商品 A のアイテム詳細ページ閲覧者のみに特定の広告を表示する（リターゲティング）

⑥商品 A 購入者で購入後 2 ヶ月経過している人だけに、再購入促進のデジタル広告を表示する

CMS（コンテンツ・マネージメント・システム）

　HTML（ハイパーテキスト・マークアップ・ランゲージ）や **CSS**（カスケーディング・スタイル・シート）などウェブサイト構築に必要な知識がなく

ても、**WYSWYG**（What You See is What You Get：ウィズウィグ）エディターを使って、ブログを開設するような感覚でウェブサイトの構築ができるのが CMS です。初回に大きなシステム投資と月額のランニングコストが必要ですが、その分メンテナンス性が高く、コンテンツさえ決まっていれば誰にでもウェブサイトを構築・更新できるようになります。店舗が複数あり、店舗ごとのウェブサイトの更新を店舗スタッフに任せる場合などに有効です。

　従来の CMS は、このように、更新担当のリテラシーや予算が十分でないことを想定していました。また、その分表現の自由度を犠牲にしなくてはならなかったので、大規模なコーポレートサイトなどで用いられることは多くはありませんでした。しかし、最近の CMS はかなり表現の自由度が上がっており、かつ**レスポンシブ**に自動対応できることなどから、更新担当部門が十分なリテラシーや予算を持っている場合でも、あえて CMS ベースでサイトを構築する企業も増えてきました。レスポンシブとは、PCやモバイルなど、閲覧デバイスに応じてデザインを自動的に出し分けることのできるウェブサイトの設計です。

　レスポンシブにおけるデザインの出し分けには 2 つの方式があります。1 つは PC 用・スマートフォン用・タブレット用など複数のデザインスキンを用意し、アクセスログのユーザーエージェント情報（ユーザーが使っているデバイスやブラウザの情報）からデバイスを判別して、それぞれに向けたデザインを自動的に出し分ける方式です。もう 1 つは、同じくユーザーエージェント情報からデバイスを判別し、ディスプレイサイズまで分析して、最適な表示になるようエレメントの大きさと配置を調整しながらウェブサイトをレンダリング（描画）していく方式です。デバイスの種類やディスプレイサイズは多様化の一途をたどっています。それぞれに最適なデザインを実現するのに、後者の方式は大変有利ですが、それに対応するシステムを一から開発するには膨大なコストを要します。最近ではこの後者の方式を採用する CMS もあり、その意味でも CMS の利用は一考に値します。また、ブログ

ラミングの知識がなくてもモバイルアプリを開発・運用できる、アプリ用の CMS も登場しています。

CDN（コンテンツ・ディスプレイ・ネットワーク）

　CDN とは、一言で言えばウェブサイトの表示を早くするためのシステムです。ウェブサイトの表示の早さを左右するのは、画像や動画などのデータの重さ、ソースコードの設計、サーバーサイドのスループット（処理能力）、クライアントサイドのスループットの４つの要素です。このうち、クライアントサイドのスループットは、要は利用者が使用しているインターネット回線やモバイル通信回線の問題なので、制作者側ではどうしようもありません。CDN は、その他の３つを自動的に最適化し、ウェブサイトの表示速度を改善してくれます。

　画像や動画などのデータの重さに関しては、ネットワークの状況を CDN が分析し、例えば同じ携帯端末でも Wi-Fi 経由の場合は通常の画質の画像を、4G 回線の場合は少し画質を抑えた画像を表示してくれる、などという機能があります。また、ソースコードの設計に関しては、時間がかかる **JavaScript** などの読み込みを後回しにして、体感的な表示速度を上げてくれるなどの機能があります。サーバーサイドのスループットに関しては、CDN が保有する世界中のサーバーにウェブサイトのデータを分散させておき、時差などを利用して比較的空いているサーバーからデータを表示する、という機能があり、これが CDN のもっとも基本的な役割です。

　ウェブサイトの表示速度は、UX を非常に大きく左右します。4.6.2「クオリティーの管理」で詳しく解説していきますが、ウェブサイトのユーザーエクスペリエンスは、現代においてブランドを形作るもっとも重要な要素の１つです。グーグルやフェイスブック、アマゾンなどの巨大なインターネット企業は UX の向上に巨額の投資をしており、それゆえ表示速度などを含めた全般的な UX は非常に優れています。多くの消費者がもっとも頻繁に利用するサイトも、そういった巨大サービスであるため、UX に関するユーザー

の無意識な要求基準はとても高く、同じインターネットという土俵でウェブサイトを運営する広告主にもこの領域への積極的な投資が求められています。

データビジュアライゼーションツール・ダッシュボード

ウェブサイト解析ツールや、売上管理ツールなどの社内ツール上のデータを、直感的に理解できるグラフ形式に成型して、自動的・定期的に関係者に配布できるようにするのがデータビジュアライゼーションです。使い方は二通りあります。

1つは、様々なツールからデータを収集し、CSVなど所定の形式に整理して、それをデータビジュアライゼーションに投入するという方法です。これだと、機械化できるのはチャート作成の部分だけで、データビジュアライゼーションの力をフル活用しているとは言えません。ただ、チャート作成だけでも自動化できるのは、特に毎週作成する定常レポートなどの作成に際してはとても助かります。もっとも、例えばウェブ解析ツールなどインターネット系のデータ分析ツールには、最初から高度なデータビジュアライゼーション機能がビルトインされていることが多いので、定常レポートでも1つのツールで完結するものであれば、データビジュアライゼーションを活用する必要はありません。ソーシャルリスニングツール、広告管理ツール、ウェブ解析ツールなど複数のインターネット系データ分析ツールを掛け合わせ、かつ売上データ管理ツールなど非インターネット系の社内データも統合したレポートを作成したい場合などには、データビジュアライゼーションが力を発揮します。

デジタルマーケティングチームの社内におけるプレゼンスを高めるために、またデジタルマーケティングの「味方」を社内に増やすために、このような社内を横断したデータの可視化を買って出る、というのも1つの選択です。データビジュアライゼーションツールを活用すれば、例えば次のような経営ダッシュボードの設計が容易になります。

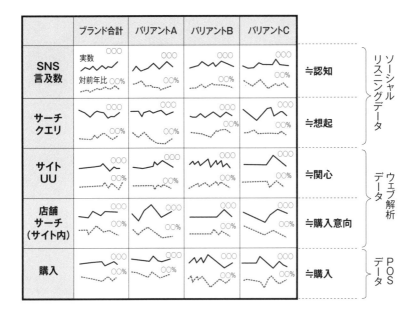

　もう1つは、クラウドサービスなどを活用し専用のサーバーを立てて、そのサーバー上のデータベースを経由させウェブ解析ツールやソーシャルリスニングツールのデータをデータビジュアライゼーションに送ることで、チャート作成を完全に自動化させるという方法です。これはAPIを使って実現します。専用のサーバーを介して既存のシステムとデータビジュアライゼーションを繋ぐ際、まずは既存のシステム側のAPIを使って専用サーバーにデータを書き込み、次にデータビジュアライゼーション側のAPIを使ってそのデータを読み込む必要があります。前者は必ずしもAPIで実装する必要はありませんが、いずれにせよ既存のシステムから専用サーバーにデータを書き込むプログラムが必要です。既存の社内システムというのは、往々にしてレガシーなシステムが多く、APIなどは持っておらずインターフェースの構築も容易ではないかもしれません。その場合、まずは最初に紹介した手動の運用で始めてみて、要件が固まりかつ利用が拡大してきたら自動化を検討するというのが現実的でしょう。

オウンドメディアの企画・運用

　オウンドメディアは年間を通して運用するオールウェイズオンの活動なので、年間計画のレベルで戦略方針を策定しなくてはいけません。その上であらかじめ整理しておく必要があるのは、各チャネルの「役割」です。オウンドメディアと一言で言っても、その役割はチャネルによって様々です。このチャネルごとの役割がうまく整理されていないと、そもそもそれぞれについて必要・不要の判断がつかないことに加え、リソースの配分に歪みが生じていることが多いのですが、戦略的なフォーカスはその歪みを増幅してしまうことがあります。

オウンドメディアのチャネルが持つ機能

　まずは各チャネルが持つ「機能」について説明していきます。「機能」を組み合わせたものが「役割」であると考えることもできます。つまり、1つのチャネルがその「役割」として複数の「機能」を担っている場合もあります。例えば、アメリカ合衆国には陸軍、海軍、空軍、海兵隊という4つの軍事組織があります。陸軍の役割は本土の防衛で、海兵隊の役割は外国領土への上陸作戦ですが、両方ともその役割を果たすため、陸戦を遂行する機能を持っています。そのため、双方で陸戦のための武器を調達し、陸戦のスキルを持った兵士をリクルートする必要があります。一方で、陸軍にはそれほど必要がない空運能力も、海兵隊にとっては根幹をなす機能の1つです。それゆえ、海兵隊には空軍並みの航空能力もあります。「陸軍並みの陸戦能力」＋「空軍並みの空運能力」という機能の組み合わせが海兵隊の役割を規定しているのです。

　オウンドメディアの各チャネルも、まずは機能を理解した上で、その組み合わせで役割を定義していくのが管理上有利です。というのもオウンドメデ

ィアの大半は明確な課題に対するソリューションとして準備されたものではなく、「みんなやっているのでとりあえず始めてみよう」ということでスタートしているはずなので、例えば「ツイッターの役割とは何か?」は、はじめから正面切って定義されてはいないのです。また、新しいチャネルを立ち上げる際に既存のチャネルとの住み分けをはっきり整理しないことも多く、むしろ成り行きで出来上がった機能の組み合わせが、事後的に役割を定義しているケースが大多数でしょう。これが機能の冗長化とリソース配分の歪みを生むのです。以下、具体的な例で説明していきます。

　オウンドメディアの各チャネルの「機能」には、以下の3つがあります。

- パブリケーション(出版物・刊行物)機能
- 対話・連絡ツール機能
- カタログ情報機能

パブリケーション(出版物・刊行物)機能

　「働く女性のための保険」というイメージを確立したい保険ブランドが、「働く女性のためのポータルサイト」のようなコンテンツを立ち上げる、などといった例が、「パブリケーション」機能を持つオウンドメディアの典型です。テレビや雑誌などのメディアがそうであるように、まずは何より魅力的なエンターテイメントや有益な情報源として消費者を引きつけ、そこに人が集まることを利用して最終的にブランドが伝えたいメッセージを伝搬することを目指します。「オウンド」である前に「メディア」であるということが強調されるべきで、読者が面白い・有益だと思い、手にとって読んでもらわないと話が始まりません。通常例えば出版社には、編集者がいて、広告の営業担当がいます。編集者は常に読者の方を向いており、読者が面白いと思うコンテンツを企画する一方で、広告の営業担当は、広告主の方を向きその課題を理解して、それを解決できるような広告をコンテンツの中に折り込もうとします。時に、この2つの立場は激しく対立します。

パブリケーション機能を持つオウンドメディアの厄介な点は、多くの場合この両方の立場を同じ人が担当したり、同じ責任者が統括しなくてはならないことです。とかく陥りがちなのは、上記でいう「広告営業」的な立場がより強く出てしまい、広告・宣伝ばかりのメディアになってしまうことです。「読者が知りたいこと」より「発行者が伝えたいこと」に重きが置かれたメディアになってしまうのです。政治団体や宗教団体の勧誘に使われる冊子のようですが、「パンフレット」という言葉はもともと宗教団体が布教に使うための小冊子に由来します。まさに「パンフレット」ではダメなのです。広告主が運営するオウンドメディアは一時ブームになり、業界の話題を集めたものもいくつかありましたが、消費者視点で人気のメディアになったかという意味でこれといった成功事例が上がってこないのはこのことが原因でしょう。

　運営チームには、これらを踏まえ、クリエイター的なスキルセット、マインドセットを持った人員を配置する必要があります。運用を代理店に外注するのであれば、雑誌などの編集経験がある人か、少なくともクリエイティブディレクションの経験がある人など、クリエイティブ畑の人をアサインしてもらうようリクエストしましょう。インハウスの運用でスキルに関してそこまで贅沢は言えない、という場合は、マインドセットだけでもしっかり持ってもらうようにしましょう。まずは何より、読者・視聴者の方を向いて仕事をする、ということです。マーケターのマインドセットが強すぎる人だと、「ブランドが伝えたい情報」についつい意識が向きすぎてしまいます。そういう人をアサインする場合でも、オウンドメディアの企画をする場合はマーケター（広告主≒広告営業）の帽子を脱いでもらい、常に読者を見る「編集長」としての意識を持ってもらうよう指示します。また、それと矛盾しないKPIを与えます。

対話・連絡ツール機能

　小学校や中学校には「緊急連絡網」というものがありますが、オウンドメディアのいくつかは、この緊急連絡網と似たような機能を持ちます。既存顧客やファン、あるいはファンとまではいかなくても当該ブランドに関心を持

つ人たちと、彼らがそのブランドに関する情報を欲しがっている、あるいは
そのブランドと繋がりたがっているという前提で（同意に基づいて）、連絡
をとり合う機能です。メールマガジンやソーシャルメディア向けには一切新
規にコンテンツを制作せず、そこでは既存のコンテンツやフェア・イベント
などの情報からトピックをピックアップして伝えるだけという場合、それら
は純粋に「対話・連絡ツール」として機能しています。ツイッターなどでは、
コンテンツや伝えるべき情報を必ずしも前提とせず、ただフォロワーと対話
することだけを主な目的としているアカウントもあり、これも同じく純然た
る対話・連絡ツールの例といえます。もっとも実際には、ソーシャルメディ
アやメールマガジンは、多くの場合前述の「パブリケーション」と、この「対
話・連絡ツール」両方の機能を併せ持っています。ブランドポータルサイト
や企業サイトも、コンテンツの置き場所であると同時に、自ら興味を持って
来訪した人にそれらのコンテンツを配信する「対話・連絡ツール」機能も持
ち合わせています。

　この機能にフォーカスした場合、担当者に必要なスキルセットは、「何を
選びどのような伝え方をしたら、ファン・購読者ともっとも望ましい形で連
絡・対話ができるか」を明確にする能力です。これは実際の連絡・対話の中
で最適化していく他ないですが、ユーザーを洞察し、仮説を立案し、仮説に
基づいた小さな実験を繰り返すことでコミュニケーションを「改善」してい
く「**グロースハック**」のスキルとも表現できます。グロースハックとは、フ
ェイスブックなどアメリカ西海岸のインターネット企業に端を発するコンセ
プトで、小さな実験（**A/B テスト**）を繰り返すことで、ユーザーインターフ
ェース、ひいてはユーザーエクスペリエンスを少しずつ、しかし確実に改善
していくという考え方です。例えば、ソーシャルメディアにおいて、「どの
ようなコンテンツを、どのようなタイミングで、どのようなフォーマットで、
どのような文章のトーンで」伝えたらもっとも反応が良いのか、ということ
を、小さな実験を繰り返しながら最適化していきます。全てのオウンドメ
ディアで実施が可能ですが、特に更新頻度が高い（＝実験の機会が多い）ソー
シャルメディアと相性がいいコンセプトです。

マインドセットとしては、特にソーシャルメディアでは、ファンやフォロワーのコミュニティーの中に入り込み、常に彼らと同じ目線で語ろうとする心構えが重要です。ツイッターなどでは、フォロワーを汚い言葉で罵倒していたりしても、フォロワーから支持されている企業アカウントがあったりします。これは極端な例ですが、企業らしからぬ個人的な発言をする企業アカウントが人気を博したりすることは、ツイッターでは決して稀ではありません。スキルの領域におけるグロースハックと出発点は一緒ですが、いかにしてユーザーをより深く理解するか、ということが「対話・連絡ツール」としてのオウンドメディアの企画・運用においては何より重要です。

カタログ情報機能

カタログは、基本的には「プッシュ」ではなく「プル」型のコンテンツです。通常、すでに興味を持った消費者がより詳しい情報を知るために手に取って、辞書的に参照されることを想定し作成されます。企業のウェブサイトは、デジタルマーケティングの黎明期にカタログ情報や企業紹介パンフレットの代替としてスタートしているので、この「カタログ情報」の機能を持つオウンドメディアはデジタルマーケティングの1丁目1番地とも言えます。「カタログ情報」には、検索性と網羅性が重要なので、担当者のスキルセットとしては、情報を構造的にわかりやすく整理する能力が求められます。4.6.2「クオリティーの管理」でウェブサイトのUI・UX管理やコンテクスト管理の重要性について詳しく解説していきますが、「カタログ情報」機能を持つオウンドメディアの制作にあたっては、これらのクオリティー管理能力が他にも増して重要です。また、商品開発担当部門や紙版のカタログ作成チームなど、社内の関連部署とのコミュニケーションも他のどの領域にも増して必要とされます。

チャネルの役割とリソース

機能とそれぞれに必要とされる担当者のスキルセット・マインドセットが理解できたら、次にこれらの機能を組み合わせた各チャネルの役割を整理します。例えば、先にも挙げた例ですが、「働く女性のための保険」という

イメージを構築したい保険ブランドが、「働く女性のためのポータルサイト」と銘打ったオウンドメディアを運営しているとします。このメディアが持つ機能は「パブリケーション」機能です。それとは別に、この保険ブランドのブランドポータルサイト（公式サイト）では、ブランドの歴史などを解説するとともに、当該ブランド配下の各商品・各バリエーションの詳細情報を紹介しているとします。これは「カタログ情報」機能です。フェイスブックやメールマガジンでは、基本の動きとしては「パブリケーション」機能で作成した記事や「カタログ情報」機能で作成した商品情報を、担当者がピックアップした上で自分たちのファンや購読者に最適化した形で配信しているとします。この場合、それらは純然たる「対話・連絡ツール」として機能しています。このとき、フェイスブックやメールマガジンでは、同時に独自のコンテンツをそれぞれの担当者が企画・作成することもあるとします。すると、それらは「パブリケーション」機能も同時に担っていることになります。これを良しとするか悪しとするかは、一度立ち止まって考えてみる必要があります。前述の通り、「対話・連絡ツール」に求められるスキルセット・マインドセットと「パブリケーション」に求められるそれらは大きく異なるため、このままでは機能に合わせてリソースが冗長化するか、どちらかには適切なリソースが分配されていない状態を許すことになります。

　次の図を参照してください。具体的に整理を進めていくには、まず自社が運用するオウンドメディアを一覧として書き出した上で、表頭の機能の組み合わせによる現状（As is）の役割を整理していきます。その上でエージェンシーのアサインメントも含めたリソース事情に鑑みて、あるべき（To be）役割を定義していきます。例えばこの例では、複数のチャネルで重複してしまっていたパブリケーション機能を「働く女性ポータル」に一元化し、SNSとメールマガジンは作成されたコンテンツの各チャネルへの最適化とディストリビューションのみを行う、という整理を行いました。

As is

	パブリケーション	対話連絡ツール	カタログ情報
ブランドポータル			○
働く女性のためのポータルサイト	○		
SNS	○	○	
メールマガジン	○	○	

To be

	パブリケーション	対話連絡ツール	カタログ情報
ブランドポータル			○
働く女性のためのポータルサイト	○		
SNS	(○)	○	
メールマガジン	(○)	○	

　To be の組織再編にあたっては、例えば、コンテンツの企画及び制作を担当する「コンテンツプロデューサー」をチャネル横串で配置し、各チャネルの担当者は出来上がったコンテンツをそれぞれのチャネルに最適な形にしてディストリビュートするのが役割、といった体制の整理も考えられます。こうすると、企画のみならず実制作のプロセスも一元化され、例えば撮影が一回で済んだり、写真などのクオリティーが全チャネルにまたがって担保される、などのメリットも出てきます。言い方は乱暴かもしれませんが、ソーシャルメディアなどでよく見かけるのが、要は「素人が手弁当で作ったコンテンツ」です。エージェンシーがアサインするインスタグラムやフェイスブックなどの担当者、あるいは経験を積んだ社内の担当者は、ソーシャルメディアには詳しくても、コンテンツを企画してクオリティーを担保しながらそれを制作するプロでは必ずしもありません。ソーシャルメディアに造詣が深く、かつコンテンツプロデュースのスキルも矜持も持ち合わせている、という人はなかなか見つからないのであれば、コンテンツプロデュースを切り出して考え、そのディストリビューションだけを各チャネルの担当者が行うという業務の切り分けにするのも１つのアイデアです。この体制のデメリットとしては、コンテンツプロデューサーは各チャネルのユーザーを熟知している

わけではないので、各チャネル担当からリクエストやブリーフィングを受けていたとしても、コンテンツ制作において、例えば特定のソーシャルメディア向けのコンテンツに不可欠な微妙なツボを外してしまうかもしれないというリスクが挙げられます。これはトレードオフなので、どちらをとるかはチームで議論して決定しましょう。

　To be の議論では、メディアランドスケープの変化を踏まえたチャネルの統廃合や新しいチャネルの追加も合わせて議論します。その際もここで整理した既存チャンネルの役割が大きな力を発揮します。例えば、ユーザー数の推移を考慮し Google + のアカウントを閉鎖して新たにインスタグラムのアカウントを立ち上げることになったとして、それにどのような役割を担わせるかは既存のチャネルの役割を前提に整理されるべきです。似たようなデモグラフィックの見込み客が使っていたとしても、ツイッターは純粋な「対話・連絡ツール」として、インスタグラムはより「パブリケーション」要素の強いチャネルとして位置づけて、インスタグラム向けコンテンツの制作にはチャネル横串のコンテンツプロデューサーを活用しつつも、インスタグラムネイティブの大学生インターンをグロースハック担当として配置し「対話・連絡ツール」機能を担わせる、などといった整理を、先ほどの図を使って行っていきます。
　これら役割の整理は年間計画以上の中長期の戦略になりますが、議論はエージェンシーを巻き込んで行っても、エージェンシーに下書きを作ってもらい行っても良いでしょう。ポジショントークが入るので若干客観性が犠牲になりますが、メディアランドスケープに関する彼らの知見を頼りにできるのは魅力的です。また、この役割分担を下敷きにした具体的な運用計画・年間戦略は、3.1「戦略の定義」で策定したデジタルマーケティング全体の戦略をブリーフィング資料として、エージェンシーに提案してもらうことになるでしょう。オウンドメディアの運用をインハウスで行っている場合は、これら役割の整理と全体の戦略を踏まえた年間の戦略・方針を、いずれもチームで行っていきます。

章末コラム

あらゆる「メディア」が終焉を迎えるとき、企業コミュニケーションの形が変わる

コンテンツは「メディア」ではなく「カタリスト」に

　スターバックスで一番小さいドリンクのサイズは、ご存じの通りショートです。その次に大きなサイズがトールで、グランデと続きます。今やもう当たり前になってしまって何も感じませんが、これには最初少し違和感を覚えました。標準サイズがわからないのです。中庸を重んじる日本人としては、まず小さいサイズと大きいサイズがあって、その中間を「ミディアム」としてほしいところです。そうすると何となく、サイズが選びやすくはないでしょうか。

　「メディア（media）」というのは、「ミディアム（medium）」の複数形です。ミディアムというのは、上記の用法の通り中間を意味しますが、複数形があることからもわかるように、中間にある「もの」、間に入る「もの」、という具体的な意味も持ちます。メディアの本来の意味は、この「間に入るもの」です。中間にあって媒介するもの。広告の文脈で、何と何の「中間にある」ものなのか、といえば、企業と消費者です。何を媒介するのかというと、企業と消費者のコミュニケーションです。

　本稿におけるメディアとは、ヤフーや日経新聞など広告主が広告メッセージを配信する場所を示すだけではなく、上記の通り「消費者と企業の中間にあって企業のメッセージを媒介する全てのコンテンツ」を意味します。広義のメディアとも言えますが、そう考えないと、全てが広告メッセージである広告主のブランドサイトが、なぜオウンド「メディア」なのか理解できないはずです。

　トラディショナルメディアが凋落し、デジタルメディアの時代がやってくる。**ペイドメディア**だけではもう消費者にリーチしきれず、オウンドメディア・**アーンドメディア**の重要性は高まるばかりだ。こうした議論の中で、企

業と消費者の間に入ってメッセージを媒介する「メディア」という発想自体
の妥当性は、あまり議論されることはありません。

　結論を急げば、マス・ATLであれデジタルであれ、ペイドであれオウンド
であれ、そもそもメディアという発想自体が、近く賞味期限を迎えると筆者
は考えます。その代わりに台頭してくるのが「カタリスト（触媒）」と名付
ける概念です。企業と消費者の間に入ってメッセージの伝達を媒介するの
がメディアなのであれば、カタリストは、1.消費者と消費者の間に入って、
2.消費者同士のコミュニケーションを、3.促進し円滑にするものです。

「消費者同士のコミュニケーション」の間に入れるかがカギ

　アメリカのコカ・コーラ社が実施した、とても美しいキャンペーンを例に
とって、さらに詳しく説明します。とある大学の新入学生向けオリエンテー
ションの日、キャンパスにはいたるところに、コカ・コーラ製品が無料で飲
める冷蔵庫が設置されています。しかし、中に入っているコカ・コーラ製品
は、無料ではありますが、"タダでは"飲むことができません。特殊なキャ
ップがついていて、誰かもう一人仲間を見つけ、キャップとキャップとを合
わせてボトルをひねらないと、開けられない仕組みになっているのです。

　新入学生向けのオリエンテーションの日ですから、キャンパスにいるのは、
ほとんどが知らない人同士です。つまり、ここでコカ・コーラは、知らない
人に話しかける「いいわけ」、友達づくりのきっかけを消費者に提供してい
るのです。

　消費者と消費者の間に入って、消費者同士のコミュニケーションを促進す
る、というのは、まさにこのことです。上記のケースは、コミュニケーショ
ンをキックオフする、という意味での「促進」でしたが、すでに円滑なコミ
ュニケーションをより盛り上げる、という促進もあるでしょうし、停滞して
いるコミュニケーションを再度活性化するのも同様です。

　LINEのスタンプもカタリストの好例です。出会い系アプリである「Tinder
（ティンダー）」などのマッチングサービスも、メディアというよりカタリス
トでしょう。また、例えば動画など伝統的にメディアとして使われてきたフ

ォーマットのコンテンツでも、それを消費者が遊び感覚で加工するなどして、あるいは単純に話のネタとして友人同士で盛り上がるだけでも、カタリストとしての機能を果たします。企業のエイプリルフール企画が消費者に支持され、定着したのは、この「話のネタになって、コミュニケーションの触媒になる」機能ゆえでしょう。

　その意味で、全てのコンテンツは、メディアにもカタリストにもなりえます。オウンド・カタリスト（コカ・コーラの例）、ペイド・カタリスト（LINEスタンプなど）、アーンド・カタリスト（企業が意図せず、消費者が勝手に見つけてくれた、ブランドに関する話のネタ）、という発想も成り立ちます。

現代における消費者の時間争奪戦の勝者は誰か?

　つまり、今後マーケターはコンテンツを考えるとき、メディアとして制作するのかカタリストとして制作するのか、という判断をすることになります。メディアの利点は、直接消費者にアプローチできるのでリーチがある程度計算でき、かつ伝えたいメッセージが確実ではないにせよ、能動的に伝えられる点です。

　一方でカタリストの場合、それを触媒としてコミュニケーションが発生するかどうかは消費者頼みなので、リーチは全く保証がありません。かつ、伝えたいメッセージをコントロールすることは不可能に近く、入り込むコミュニケーションの文脈を意識することで、そのブランドと一緒にする「体験」をデザインできるにすぎません。

　それでもやはりカタリストが重要なのは、どのような形であれ、今日メディアの重要性が全般的に薄れ、消費者同士のコミュニケーションの重要性が反比例するように高まっているためです。消費者の時間争奪戦の勝者は、それ自体コミュニケーションの要素がほとんどであるソーシャルメディアから、さらにコミュニケーションに特化したメッセージングサービスに急速にシフトしています。消費者同士のコミュニケーションに入り込まなくては、企業はいかようにもマーケティングができない時代が近づいています。

さて、スターバックスの話で始まる本稿は、ドイツに向かう飛行機の中で書かれていますが、こういう孤独なシチュエーションでスターバックスが恋しくなるのは、そこで交わした家族や友人とのコミュニケーションを思い出しているからなのかもしれません。彼らの店舗もまた、単に商品やサービスを届ける場所であるだけではなく、消費者同士のコミュニケーションのカタリストとして機能しています。そう考えると、ショート、トール、グランデというドリンクのサイズ展開も、ちょっと話したい、たくさん話したい、じっくり話したい、というコミュニケーションニーズに対応しているようにも思えてきます。

4章

キャンペーン
（プロジェクト）
を企画・実行・
レビューする

4.1

カスタマージャーニーの位置づけ

　本書で「キャンペーン」と呼ぶのは、「始まりと終わりがある、目的を持った一連のマーケティング活動」で、「プロジェクト」と読み換えても意味は通じます。「新規会員獲得キャンペーン」などの狭義のキャンペーンのみならず、「新商品のローンチに向けた一連のマーケティング活動」などより広範で複数の活動を内包するプロジェクトも、ここでは「キャンペーン」としています。

カスタマージャーニーの用途
　キャンペーン設計の第一歩はカスタマージャーニーの設計です。ただ、カスタマージャーニーの意味するところは非常に多岐に渡るので、まずは本書におけるカスタマージャーニーの定義を明確にしましょう。本書におけるカスタマージャーニーとは、一言で言えば「キャンペーンの全体設計図」です。その用途は以下の通りです。

1　キャンペーンの全体概要の関係者全員への説明資料
2　エージェンシーへのブリーフィングの基礎資料
3　クリエイティブの各パーツの文脈を確認するための地図

　まず**1　キャンペーンの全体概要の関係者全員への説明資料**としての用途ですが、マーケティングキャンペーンの企画というのは、こと大企業やグローバル企業においては、様々な関係者の承認と確認を必要とする作業です。その際、直属の上司以外の関係者に、企画書を詳細に説明する時間を確保できることは稀です。そんなとき、キャンペーン全体の概要をまとめた「1ページャー」があるととても便利ですが、時系列と並走する活動を縦横軸で表現したカスタマージャーニーはそれに適したフォーマットと言えます。

次に **2 エージェンシーへのブリーフィングの基礎資料**としての用途ですが、そうして社内承認を経たカスタマージャーニーは、そのままメディアエージェンシー、クリエイティブエージェンシーへのブリーフィング資料の基礎として活用できます。フォーマットについて詳しくは次のチャプターで説明していきますが、ターゲットと期待する態度変容、最終的なゴールが一覧でまとめられているカスタマージャーニーがあれば、あとは予算とデリバラブルズ（提出物）を明確にすることでエージェンシーはプランニングを始めることができます。

　エージェンシーのストラテジープランナーに、デリバラブルズの１つとしてカスタマージャーニーを作成してもらう、という進め方は、本書の定義と用途におけるカスタマージャーニーでは避けるべきです。キャンペーンの全体設計はメディアニュートラル、メディアとクリエイティブの予算配分においてもニュートラルであるべきですが、メディアエージェンシーはメディアに、クリエイティブエージェンシーはクリエイティブに予算を傾注した設計をしたがりますし、両者が同じ場合でもエージェンシーにとってビジネス上のうまみが少ない設計は避けてしまうのが人情でしょう。また、ターゲットとなる消費者や意思決定者の行動パターンは広告主・ブランドマネージャーが一義的に把握しているべきで、実際にキャンペーンを回したあとのラーニングも広告主に蓄積されるべきです。広告主側でカスタマージャーニーを描くのは難易度が高い、クオリティーに自信が持てないという向きもあるかもしれませんが、エージェンシー側にもしっかりとしたカスタマージャーニーが描ける人は実はあまりいません。今日、多くのケースでデジタル上のタッチポイントはカスタマージャーニーの中心にして大部分を占めますが、デジタルに詳しいエージェンシーの担当者は往々にして非常に細分化された領域を担当しており、逆にキャンペーンをホリスティックに（全体的に）俯瞰できるストラテジープランナーはデジタルにそれほど詳しくなかったりします。複雑にしすぎると１ページャーとしての用途を損なうので、できる限り簡易にする意味でも、カスタマージャーニーは広告主が作成するべきです。作成に際してエージェンシーのストラテジープランナーや調査担当、メディ

ア担当からデータやインサイトのインプットを受けることは、積極的に行われるべきです。また、キャンペーンの全体の設計図としてのカスタマージャーニーは広告主側で作成し、それをベースに全てのタッチポイントを網羅した細かいコミュニケーションの設計図をエージェンシーに依頼して作ってもらう、という分担はもちろん可能です。

　加えて、デジタルがカスタマージャーニーの大部分を占めるのであれば、広告主の中でも特にデジタルマーケティング担当がカスタマージャーニー作成を主導するべきでしょう。ブランドマネージャーがいる組織ではブランドマネージャーと協業し、そうでない組織では ATL 担当など他のチャネルオーナーのインプットを受けつつもデジタルマーケティング担当が主導して、カスタマージャーニーを作成していくことが理想的です。デジタル以外の領域にはある程度「型」があり、担当者のインプットを受けて進めていけば、デジタル担当がそれを全体の設計図に組み込んでいくことはそれほど困難ではありません。しかし、この逆はなかなか成り立ちません。なるべくその理想型に近づけられるよう 2 章「デジタルマーケティングの SOW を定義する」で触れたデジタルマーケティングチームの SOW を調整しましょう。

　最後に **3　各パーツ・クリエイティブの文脈を確認するための地図**としての用途です。後に 4.6「クリエイティブプランの作成」で深掘りしていきますが、デジタルマーケティングにおいてはコンテンツ以上にコンテクストがものを言います。具体的なメディアプランやクリエイティブ作成にあたって、メディアプランナーやクリエイターは、とかく自分の担当領域に没入して近視眼的になりがちです。その際、カスタマージャーニーを地図として参照することで、常に自分の担当領域がどのような前後の文脈の中に位置づけられているのかを明確にすることができます。また、実際に上がってきたクリエイティブの提案をチェックしたり社内で議論したりする際、大半の関係者はその制作物の全体における位置づけなどを覚えてはいません。その際に、前後の文脈をカスタマージャーニーで確認することで議論の飛躍を防止することができます。例えばとあるキャンペーンで、次の図のようなカスタマージ

ャーニーを設計したとします。

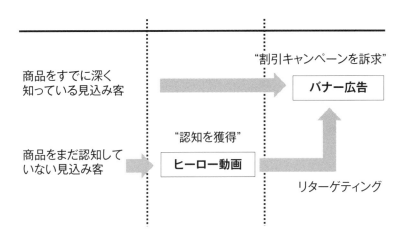

　このキャンペーンにおける「バナー広告」を承認してください、ということでミーティングを設定した際、文脈を忘れてしまっている関係者から「なぜ割引キャンペーンしか訴求しないのか？」「動画を訴求しないのはなぜか？」というチャレンジが入るようなことがあります。実際の制作物を見せるに先立ち、カスタマージャーニーをとり出して、「このバナーはこういったコンテクストでこういう人に閲覧されます」という説明をすることで、そういった余計な話のセットバックを防ぐことができます。

カスタマージャーニーの要件
　これらの用途を踏まえると、カスタマージャーニーは以下の3つの要素を満たすドキュメントである必要があります。これを本書におけるカスタマージャーニーの要件とします。

- 1ページで整理する・1ページャーである
- 経営陣を含めた関係者全員が理解できるものである
- キャンペーンの全体像（全ターゲットに対する全施策と、その前後関係）

を表現している

　次のチャプターでは具体的な事例を見ながら、再度これらのポイントを細かく解説していきます。

4.2

カスタマージャーニーを作成する

　これから例として説明していくのは、どのようなSOWであれデジタルマーケティングチームがキャンペーンをリードしていくことになるであろう「全てがデジタルで完結するキャンペーン」のカスタマージャーニーです。このパターンに習熟すれば、ここに各担当からのインプットを受けてデジタル以外のメディアも加えていくことで、どのような形のキャンペーンにも対応できるようになります。他にカスタマージャーニーをメインで描くべき人がいて、デジタルマーケティング担当はそれに助言する立場というSOWの場合でも、自らがメインで設計するプロセスに習熟しておけばどのようなサポートでも可能になるでしょう。

カスタマージャーニーの活用イメージを鮮明にする

　カスタマージャーニーを作成していくにあたり留意すべきことは、それが活用されるイメージを頭に描いておくことです。前述の通りカスタマージャーニーは、まずは社内のエグゼクティブ・ブリーフに活用され、ブリーフィングの基礎資料とされ、エージェンシーから上がってきた提案をチェックする際に参照され、具体的なメディアプランやクリエイティブプランを社内でレビューする（上司の承認をとる）際に前提をリマインドするために読み合わされます。カスタマージャーニーは、その全てのシーンで、全ての担当者が理解できるものである必要があります。それゆえ、まずはなにより共通理解となっている用語や表現を用い、それがなければ共通理解を醸成して、以後一貫性を持った言葉遣いを心がけます。例えば「アウェアネス」という言葉は専門用語なので使用を避け、「知る・思い出す」としてエイデッド（助成）・アンエイデッド（非助成）いずれのアウェアネスも含む概念であると定義づけたのだとしたら、以後同じ言葉を使い続け、「エイデッドアウェアネス」などという専門用語を登場させないようにします。また、詳細に入り

込みすぎず、誰もが直感的に理解できる粒度となるよう気を配ります。

カスタマージャーニー作成の思考順路

　それでは、具体的にカスタマージャーニーを作成していきます。まずは以下の完成形を確認してください。

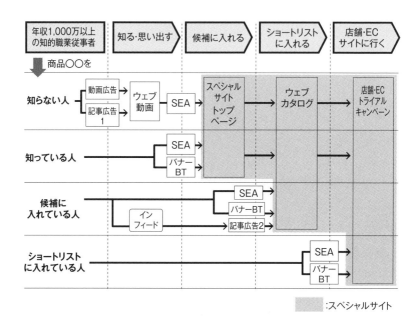

　横軸（表頭）には、消費者の態度変容のステージを整理します。AIDMAだったりAISASだったりといろいろなフレームワークがありますが、社内の誰もが説明なしでも読めるように共通理解になっている表現とステージ分類を用いましょう。ここでは、「知る・思い出す」「候補に入れる」「ショートリストに入れる」「店舗・ECサイトに行く」という4つに態度変容のステージを分類しています。その商材特有の購入に至るまでのステップが、時期や細かいバリエーションによってそうそう変わるものではないので、一度共通理解を醸成したらこの表頭の項目は毎回同じものを使うことができます。

縦軸（表側）には、まずは左上に今回のキャンペーンのターゲットを明記した上で、そのターゲットをさらに細分化したブレイクダウンを整理します。ここでは、**コンバージョンファネル**上の位置でターゲットをさらに細分化し、商品○○を「知らない人」「知っている人」「候補に入れている人」「ショートリストに入れている人」の４つにサブカテゴライズしています。例えばターゲットがメインとサブの２種類存在し、それぞれに全く違ったコミュニケーションが必要な場合、そのメインとサブにサブカテゴライズすることもできます。新規顧客と既存顧客でカスタマージャーニーを分けることもできるでしょう。過去に数回のキャンペーンを実施しており、コンバージョンファネルのあらゆる位置に見込み客が散在している場合はこの例のような分類が有利ですが、そのような状況を踏まえた上であえて特定のサブカテゴリーに集中するという選択肢もありえます。ここにはそういった市場のインサイトを踏まえた、マーケターの意志を反映させていきましょう。

　表頭と表側が整理できたら、ブレイクダウンしたターゲットごとの態度変容のステップをデザインしていきます。

　まず、商品○○を「知らない人」です。このグループの見込み客には第一に商品を知ってもらい、かつ思い出してもらう必要があるのですが、このサブセグメントは商品に興味がないどころか知ってすらいないので、商品をフックにしたコミュニケーションは避けるべきでしょう。まずはアテンションを引きつけ、商品を認知してもらい、あわよくばある種の好意とともに商品名を頭の中の倉庫に入れておいてもらうことを目指します。ここでは、ターゲットの興味を引きつけられるようなウェブ動画を作成しそれを広告することにしますが、動画なので広告は動画広告が基本になるでしょう。**Fファクター**を含む複数のポイントから「話題感」を演出できるよう、この動画に関する**記事広告**を仕込み、Fファクターの誰かがソーシャルメディアでシェアしてくれることを期待します。動画を見た見込み客は、通常動画や動画自体に設定されたリンクをクリックしたりはしないので、次のステップに向かう導線としては検索を想定します。動画自体に検索への**CTA**（コール・トゥー・

アクション）を仕込んでおくのと同時に、動画を見て検索されそうなキーワードを **SEA（検索エンジン広告）** で購入しておきます。検索エンジン広告からはスペシャルサイトに誘導しますが、トップページでは当該商品を「候補に入れて」もらうために必要なファクターを特定し、それを訴求します。**ベネフィット** なのか、**RTB**（リーズン・トゥ・ビリーブ）なのか、ベネフィットであれば情緒的なベネフィットなのか、機能的なベネフィットなのか。また、それを具体的にどう表現していくのか。前者は WTS としてこの後ストラテジープランナーにより策定され、後者は How to Say としてクリエイターにより開発されますが、ここではその文脈を整理してそれらの「ガードレール」とします。トップページで興味を持ってもらい、候補に入れてもらうことに成功したら、そのまま商品詳細情報（ウェブカタログ）ページに見込み客を誘導します。ここでは、競合商品と比較をされることを想定し、比較のために見込み客の手間を省いてあげられるような UI を提供します。さらに、ここでショートリストに入れてもらうことに成功したら、見込み客をキャンペーンページに誘導して、店頭来訪を促します。上記のような WTS や How to Say に関する要望やディレクションは、4.4「ブリーフィング資料を作成する」で説明する「クリエイティブの方向性・留意点」にカスタマージャーニーの補足として明記していきます。

商品を「知っている人」には、認知を促進する必要は必ずしもないので、検索広告で待ち構え、あるいは行動ターゲティング広告などで「知っている人」を特定・推定（例．商品名での検索履歴がある人）して、見込み客をスペシャルサイトのトップページに直接誘導します。

インターネット閲覧行動から「候補に入れている」とまで推定できる人（例．過去に商品の関連サイトを訪問したことがある人）は、別のバナー広告を出してカタログ情報に直接誘導します。このショートリストの段階で他社との競争に負け、大量のファネル落ちを出してしまっていることが日頃のウェブサイト解析などからわかっていれば、ジャーナリストや識者によるレビューを記事広告として専門サイトに仕込み、記事のリーチを補完するために一般の **ニュースアグリゲーションサイト** などに **インフィード広告** を展開します。

同じく「ショートリストに入れている」とまで推定できる人（例. 過去に商品のカタログ情報を閲覧している人）は、さらに別のバナー広告を出してキャンペーン情報に直接誘導します。

　このようにして、「どういうターゲットに、どういうメッセージを、どういうタイミングで届けていくか」をカスタマージャーニーとして整理していくわけですが、かくしてカスタマージャーニーはキャンペーン全体の設計図たりうるわけです。

4.3

キャンペーンのKPI設定・予算配分

はじめに予算ありき

　カスタマージャーニーを作成したら、それに基づきキャンペーンの KPI を設定します。KPI の設定は予算配分をベースに行います。つまり、「はじめに KPI ありき」ではなく「はじめに予算ありき」で KPI 設定を進めていきます。マーケティング投資と売上だったり認知だったりのビジネス指標を結びつける回帰式は、世界に名だたるマーケティング企業でも明らかにすることはできません。例えばテレビ CM を一本打ったとして、それがどれだけの売上を生んだのか、あるいはどれだけの認知を作ったのか、ということは、競合の動きやノンペイドのメディアとインフルエンサーの関与、小売側の活動など影響する変数が多すぎてとても解析しきれません。広告手段がデジタルのみ、販路が EC のみで、全ての広告とコンバージョンポイントに計測タグが設置できる場合に限って、4.7「キャンペーンの効果測定」で紹介する<u>**アトリビューション分析**</u>という手法を使って売上に対する広告の **ROI**（リターン・オン・インベストメント）を正確に算出することができますが、そのような例はかなり限定的でしょう。マーケティング部全体の予算が、多くの場合、売上目標の何％などという慣例的で根拠のないガイドラインに応じて決定されるのは 1 つにこのためです。

　マーケティング部門全体の予算がかくしてマーケティング部門全体の目標から逆算された合理的なものではないにもかかわらず、キャンペーンの KPI をマーケティング部門全体の KPI のブレイクダウンとして設定すると、当該キャンペーンの予算規模からそれが達成できるかどうかは、全く根拠のない希望的観測になってしまいます。KPI 設定について重要なのは、3.1「戦略の定義」で年間の KPI を論じる際にも触れたポイントですが、チャレンジングかつアチーバブルな目標を設定することです。目標があまりに非現実

的だと、メンバーはレポートの数字を不当に操作することに終始し始めるか、早い段階で完全に諦めてしまいます。逆に簡単すぎると、規定演技が多くなり、あと一歩手を伸ばすには、というもがきから生まれるイノベーションを阻害してしまいます。そして、このチャレンジングだけどアチーバブルな目標値を設定するには、「はじめに予算ありき」で試算していくほかありません。

クリエイティブ用予算の考え方

　予算配分に関して、まずはキャンペーン予算全体のうち、クリエイティブに使う費用とメディアに使う費用をそれぞれ割り当てる必要があります。クリエイティブに関しては、当然コストをかければかけるほどクオリティーは上がっていきますが、どこまでコストをかけクオリティーをあげると、例えば視聴数や訪問数がどの程度上がるのか、といった問いに答えはありません。かと言って、それではこれはいくらで実現できるか、とクリエイティブエージェンシーからこちらの予算を提示せずに見積もりをとるのも得策ではありません。クリエイティブには、かけようと思えばいくらでもお金がかけられますし、かけられるだけのお金をかけたからと言って、必ず効果的なクリエイティブが生み出せるという保証は全くありません。あらかじめ予算のシーリング（天井）を広告主側で設定し、それをベースに提案を受けて増額・減額の調整をするのが正攻法です。

　それでは、そのシーリングはどのように設定すればよいのでしょうか。ここははっきり言って感覚的なものになってしまいます。過去の事例から、この種の制作物を自社が要求するクオリティーで作成するにはこれくらいのお金をかけるのが妥当だろう、という当たりをつけるほかありません。過去の事例が参照できないときは、購買チームや他企業のマーケターのアドバイスを仰ぐ、『広告制作料金基準表』（宣伝会議刊）を参照する、ピッチコンサルタントに相場を教えてもらう、などという手段があります。フィー制のクリエイティブエージェンシーには、発生が予想されるキャンペーンの種類（タクティカル：値引きキャンペーンなどの販促活動、新商品ローンチ、商品リニューアルなど）を洗い出し、それぞれについて作業のイメージやスコープを伝え、モデルの費用を算出してもらうことが可能です。見込みの案件発生

数をかけあわせることで年内のフィーの合計見積もりが出るので、エージェンシーにとってはチームを維持するに足る収入が入ってくるかどうかの判断ができ、広告主視点からもコストの試算に役立ちます。ただ、これもあくまでフィーの部分のみなので、タレントの費用やスタジオレンタル費などの実費（プロダクションコスト）を含めたトータルのクリエイティブコストはやはり蓋を開けてみないとわからず、事前に把握することは困難です。

キャンペーンKPI設定の「項目」設定

クリエイティブ向けの予算を策定したら、キャンペーン全体の予算からクリエイティブ向けの予算を差し引いてメディア予算を確定させ、キャンペーンKPIの項目設定を行います。具体的な数字はメディアプランに合わせてメディアエージェンシーから提案してもらうことになるので、ここでは「項目」のみを設定していきます。

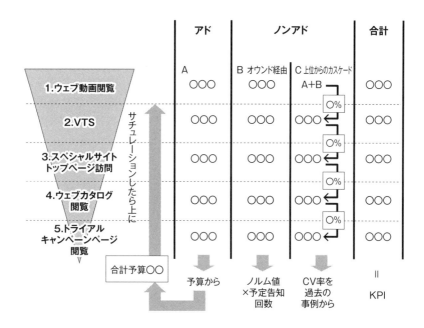

この表の表側は、先ほど例として作成したカスタマージャーニーの表頭を90度右に回転させ、態度変容の各ステージを中間指標に変換したものです。下にいくに従ってカスタマージャーを前に（右に）進んで最終的なKPIに近づき、人数としては減っていくためファネル（じょうご）の形状で表現しています。

ここでは、1.「ウェブ動画の閲覧数」と2.「**VTS**（ビュースルーサーチ）」を「知る・思い出す」に対応する中間指標としています。二番目のVTSは、広告を閲覧した後に特定のワードを検索したユーザーの数（正確には**検索クエリ**の数）を計測する指標です。このVTSの具体的な計測方法については、この後の4.5「メディアプランの策定」で詳しく解説していきます。この例のカスタマージャーニーでは、動画の閲覧とスペシャルサイト訪問を結びつけるものとして、リンクにはあまり期待しておらず、動画に仕込んだキーワードで検索→SEAをクリックという導線を想定していました。動画のクリエイティブに問題があれば閲覧数(完全or○○％視聴数)が伸び悩みますし、動画の中に仕込んだCTAに問題があればVTSの数値が思わしくないことになります。このように、中間指標は、後ほどキャンペーンを走らせて思うように数字が伸びない場合に、問題の切り分けができるよう設定しておきます。

3.「スペシャルサイトトップページ訪問数」は「候補に入れる」に対応するKPIです。4.「ウェブカタログ閲覧」までいけば「ショートリストに入れ」てもらったと判断してもよいでしょう。5.「トライアルキャンペーンページ閲覧」を、ここでは「店舗・EC・サイトに行く」の中間指標としていますが、ビジネスがECで完結するのであれば、ここは「来店数」そのものを指標としてもよいでしょう。最終的なコンバージョンが実店舗でも（のみ）発生する場合、それが皆さんのマーケティング的な努力によりどの程度コントロール可能なのかがポイントになります。過去の事例から、実店舗でのコンバージョンが自部署のマーケティング的な出費とほとんど相関がなく、コントロールが難しい場合、そもそもそれが「アチーバブル」であるかの検証すらできないので、この例のようにファネル最深部のコントロール可能な指標を代替的に用います。コントロール可能なのであれば、過去事例からファネル上の他の中間指標からの**コンバージョンレート**を推定し、次の工程でアチーバ

ブルな数値設定が検討できます。

　広告主がブリーフィング前に実施するのはこの項目の設定までで、以降の具体的な数字はメディアプランニングと合わせてメディアエージェンシーに提案してもらいます。最終的なKPIを達成するために、それぞれの中間指標をどう置くかはメディアプランと連動するためです。どのように試算するかはエージェンシーに任せてもよいですが、一貫性と厳密さを担保するには、試算方法もしっかりとディレクションしておくのが望ましいでしょう。

　以下では、同じ図の右側を使って試算方法の一例を解説します。
　このメソッドにおいて、各中間指標の具体的な数値は、広告経由のトラフィック見込みとノンアド経由のトラフィック見込みの合計値として算出します。ノンアド経由はさらに2種類に分け、SNSやメールマガジンなどオウンドメディア経由のトラフィック見込みと、ファネル上部から下部へのカスケード（流入）によるトラフィックの見込みをそれぞれ算出します。後者は、まずファネルの最上部のトラフィック数を、アド（A）とオウンド（B）の合計で算出します（C）。それ以下の数字は、1から2、2から3、3から4、4から5のそれぞれのコンバージョンレートを、過去の類似の事例から推定し、Cからスタートして各コンバージョンレートを順番に掛け合わせていきます。コンバージョンレートの過去事例がない場合は、業界標準的な数字を入れるか、それもわからない場合はまずはガットフィーリング（感覚）で推計してもらい、初速計測後大きくブレが出た場合は実績値を見て調整しましょう。

　オウンドメディア経由のトラフィックの算出は容易でしょう。ファン数や読者数に開封率やクリック率などのノルム値を掛け合わせ、さらに期間中何回告知をするかを考慮すれば、迷いなくほぼ正確に算定できます。

　広告経由のトラフィックですが、ここは先述した通り「はじめに予算ありき」で算出していきます。まずは、それぞれの中間指標への予算配分を決定します。1つの方法は、コンバージョンファネルの後半、つまり確度の高い

見込み客（ローハンギングフルーツ）に向けた広告から配分を始めるやり方です。ファネルの後半になればなるほど、見込み客の数は少なくなっていくので、広告露出は一定のポイントでサチュレーション(飽和)してしまいます。サチュレーションしたら1つ上の段階、そこもサチュレーションしたらまた1つ上の段階、とファネルの段階を1つずつ登っていき、一番上のファネルに残った予算を全て投下します。何を持ってサチュレーションとするかは、同じ人に何回まで同じ広告の表示を許すか、という**フリークエンシー**設定の問題です。フリークエンシーの設定方法に関しては、4.5「メディアプランの策定」で詳しく解説しているのでそちらを参照してください。もう1つのアプローチは、上流からのカスケードを重視して、上流に重点的に予算を配分するやり方です。上流から下流に至るコンバージョンレートが高い場合は、下から予算配分していくより最終的なKPIが高くなることがあります。メディアエージェンシーには、具体的なメディアプランニングと並行して、この2つの方法をいったりきたりで試算を繰り返しながら、もっともKPIが高くなるような予算配分を提案してもらいます。提案を受けた広告主は、コンバージョンレートを参照する過去事例が適切か、**CPC**（コスト・パー・クリック）や**CPV**（コスト・パー・ビュー）などのメディア指標が過去事例や業界標準からみて適切か、過去事例も業界標準もない指標の試算は理論の飛躍がないか、という観点から十分に「チャレンジングかつアチーバブル」な目標になっているかを確認しましょう。

4.4

ブリーフィング資料を作成する

ブリーフィングを行う相手

　カスタマージャーニーを作成し、予算とKPIを設定したら、それらをベースにブリーフィング資料を作成し、エージェンシーにブリーフィングを行います。メディアエージェンシーとクリエイティブエージェンシーが別々の場合、それぞれにブリーフィングを行う必要があります。クリエイティブのコストが確定しないとメディアに使えるコストが確定できないこと、詳細なコミュニケーションプランが決まらないとメディアプランの精度が担保できないこと、及びクリエイティブ作成の方がより準備に時間を要することから、クリエイティブエージェンシーに先にブリーフィングを行い、メディアエージェンシーにはブリーフィング資料をシェアした上で、広告素材作成などメディアとクリエイティブの統合部分のデッドラインを共有してもらいます。また、クリエイティブの幅を広げる可能性があるインサイト（新しいメディアの情報やターゲットのメディア利用実態など）を同時に共有してもらいます。

ブリーフィング資料を用意する

　エージェンシーが提案するキャンペーンプランは広告主のブリーフィングを映す鏡なので、質の高いブリーフィング資料が質の高いキャンペーンを生み出すことは古今東西を問わず論を待ちません。加えて、ことデジタルマーケティングに関しては、マス・ATLメディアのような「型」がなく、メディアもクリエイティブもエージェンシーが自由に走り回ることのできる領域が無制限に広いため、曖昧さのないブリーフィングで適切なガードレールを設定することが致命的に重要です。曖昧さの残るブリーフィングが生むちょっとしたボタンの掛け違いが、クリエイティブの提案レベルではとり返しのつかない壮大な認識違いに発展してしまうこともあるので、特に一人歩きす

る可能性があるブリーフィング資料は入念に準備する必要があります。

　ブリーフィング資料には、以下の項目が含まれます。まずは全体を俯瞰し、その後 1 つ 1 つを具体的に深掘りしていきましょう。

- カスタマージャーニー（キャンペーン全体の設計図）
- キャンペーンオブジェクティブ（目的）
- キャンペーンのスコープ
- キャンペーンのターゲット
- メディア選定の方向性・留意点
- クリエイティブの方向性・留意点
- 予算・KPI
- デリバラブルズ

カスタマージャーニー（キャンペーン全体の設計図）

■ブリーフィング資料全体の 1 ページャーのような役割

　あらかじめ作成しておいたカスタマージャーニーを、キャンペーン全体の設計図としてはじめに掲げます。

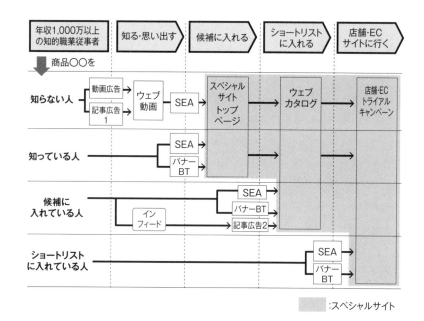

ブリーフィング資料に書く必要はありませんが、4.1「カスタマージャーニーの位置づけ」で確認した3つの用途はブリーフィングの際にエージェンシーにも伝えておきます。

1 キャンペーンの全体概要の関係者全員への説明資料
2 エージェンシーへのブリーフィングの基礎資料
3 クリエイティブの各パーツの文脈を確認するための地図

用途についての共通理解を持つことで、エージェンシーはこれを軽視することも過度に重視して縛られすぎることもなく、カスタマージャーニー自体の改善提案や肉付けの提案を含めたアイデアを考えてくれるようになることが期待できます。

キャンペーンオブジェクティブ

■キャンペーンの目的を明確にする

見出しのように一言で言うのは簡単ですが、明確なキャンペーンオブジェ

クティブの設定は、広告主側のマーケターの業務の中で、重要度・難易度ともに最大のものの1つでしょう。ポイントは、ブリーフィングをする**相手方の視点で**、実現したい**もっとも重要な 変化を明確にする**ことです。

相手方の視点で

　例えば自動車の新車ローンチキャンペーンで、目的は「売上の最大化である」と言われても、ディーラーを訪問した見込み客が購入に転じるまでのステップがブラックボックスであれば、エージェンシーは最終的に何を目指したら良いのかがよくわかりません。第一に、ディーラーのセールスマンがどういう売り込みをするのか、ということをエージェンシーはコントロールできないので、苦労して送客した見込み客が無事成約に至るかどうかは、ただ祈って待つほかありません。

　また、自分たちがコントロール可能な要素の中で最終的な売上を最大化するためのレバーがどこにあるのかがわかりません。例えば送客する見込み客の量と質はエージェンシーのコントロールの範疇かもしれませんが、セールスマンのリソースが限られているので少数でも確度の高い見込み客を送った方が良い、ということもあるかもしれませんし、逆に確度は低くてもとにかく大量の送客が欲しい、というケースもあるでしょう。社内におけるキャンペーンオブジェクティブが「売上の最大化」であったとしても、エージェンシーに伝えるオブジェクティブはそれを適切に因数分解した上で、相手の視点に立ち相手の目と手が届く範囲で設定する必要があります。

もっとも重要な

　無限に予算と時間があるのでない限り、単一のキャンペーンで解決できる課題は限られています。オブジェクティブは1つに絞り、複数提示する場合でも、最重要のものを明確にしましょう。

実現したい変化を明確にする

　「○○を成功させる」などという抽象的な表現や、「○○を最大化する」などどうなったら達成となるのかが明確ではない表現は極力避けましょう。「△

△だった□□が○○になる」という文章で表現できるような、具体的な変化をオブジェクティブに設定します。

　本章の例におけるキャンペーンのオブジェクティブを以上の基準に従って設定すると、「商品○○を知らない年収1,000万円以上の知的職業従事者に、本商品を認知する＞候補に入れる＞ショートリストに入れるというステップを経てトライアルキャンペーンに参加してもらう」などとなります。

キャンペーンのスコープ

■どこからどこまで、というキャンペーンの境界線

　キャンペーンの企画を依頼する際は、そのスコープを明確にする必要があります。スコープが明確でないと、あとになって予算の前提が大きく変わってしまうことがあるため、場合によっては一から提案を作り直しになったり、もっと悪いことには途中まで進めたプロジェクトが予算不足で頓挫してしまうなどということが発生します。例えば、キャンペーンのゴールがECサイトでのトライアル品の購入だったとして、そこで得られたトライアル品購入者へのその後のフォローアップはどのように実施しましょう。それはまた別のキャンペーンを企画して実施するにしても、購入者のデータにフラグ付けをしておいたり、特定のページにリターゲティングのタグを設置しておいたり、という準備作業が必要になります。それらの準備はフォーマット化されており、社内のルーティン業務になっているのか、そうでなければこのキャンペーンのスコープとして担当エージェンシーが実施する必要があるのか、あるいはそれは別のエージェンシーが担当することになるのか。そういったことをキャンペーンのスコープとしてブリーフィング資料上で明確にしておきます。

　また、ウェブサイトなどのシステム開発が伴う場合、サーバーなどインフラまわりの保守・運用が発生します。すでにあるインフラを活用する場合はその旨を明示し、新規に提案を受ける必要があればそれもスコープに含める必要があります。非常に大量のトラフィックが期待されるので既存の自社サ

ーバーでは負荷に耐えられる確証がない場合、あるいは「複数のテレビ番組でとり上げられるかもしれない」などトラフィックのピークが非常に読みにくい場合、当該キャンペーン向けサイトだけ外部のクラウドサービスにホストしたい、などということがあるかもしれません。その場合は外部のホスト先の選定も提案のスコープに含めてもらわなくてはいけません。プレゼントキャンペーンなどを実施する場合は、キャンペーン応募データの受け渡しやそれに伴う事務局業務などに関しても、既存の取り決めがなければスコープに含ませる必要があります。

　新しいブランドの新規立ち上げや、新商品の市場投入キャンペーンの場合は、最初のキャンペーンがその後のキャンペーンのあり方を大きく規定していくことになります。当ブランドにおける今後のキャンペーンのガイドラインや VI（ビジュアルアイデンティティ）マニュアルを合わせて整備する必要があれば、ブリーフィング資料にその旨を明記しておきましょう。

キャンペーンのターゲット

■ブリーフィングで必要な「ターゲット」とは

　STP 戦略の中でターゲット設定をどのように進めていくのか、というのはそれだけで本が一冊書けてしまうような大きなテーマです。また、それは商品開発の段階での話で、マーケティングキャンペーンを企画・実行・レビューするという本章のスコープからは外れますので、ここでは深入りしません。これ以降、商品そのもののターゲットは所与である、という前提で議論を進めます。

■商品のターゲット＝コミュニケーションターゲットで良いのかを考える

　商品そのもののターゲットとキャンペーンのコミュニケーションターゲットは必ずしも一致しません。これには主に次の 5 つの理由があります。

1.　商品のターゲット全員にコミュニケーションができるとは限らない
2.　商品のターゲット全員にコミュニケーションをする必要があるとは限ら

ない

3. サブセグメントにプライオリティーがあり、予算の制約がある

4. 評判形成などのため、あえてターゲットの周辺にコミュニケーションをする必要がある

5. ターゲット以外の第三者が購買の意思決定に大きく関与する

1. 商品のターゲット全員にコミュニケーションができるとは限らない

　商材によっては、マーケティングコミュニケーションに全く反応しない見込み客のクラスター（ターゲットの集合）が存在します。例えば、超高級車やクラシックカーなど、特定のコミュニティーの中での評判が絶対的な価値を持つような商材の場合、一定の数の見込み客は広告などには見向きもしません。

2. 商品のターゲット全員に
コミュニケーションをする必要があるとは限らない

　例えば車のモデルチェンジなどの際、ディーラーと顧客の関係が強固であれば顧客に直接アプローチできるので、既納客を広告キャンペーンのコミュニケーションターゲットとする必要は必ずしもありません。この場合、広告のターゲティング設定を細かく調整して、既納客を広告の表示対象から除外する、などということもデジタルマーケティングでは実現可能です。

3. サブセグメントにプライオリティーがあり、予算の制約がある

　キャンペーン予算は常に有限です。そうした予算の制約やマーケットの特性から、見込み客の中でも特に重要度の高いサブセグメントに集中する、という選択がありえます。あるいは、見込み客の中でも特に影響力の強い層にコミュニケーションを集中し、あとは彼ら・彼女たちによる他の消費者への波及効果に期待する、という戦略が採られることもあります。

4. 評判形成などのため、あえてターゲットの周辺に
コミュニケーションをする必要がある

例えば高級外車や高級クレジットカードなどは保持することで得られる「ステータス感」が大きな情緒的ベネフィットになりますが、ターゲットの周辺にいる人たちや広く一般消費者がそれらを高級品であると認知していないと、そのようなベネフィットは生み出せません。そのため、ターゲットの周辺にいる非見込み客「も」あるいは「を」、コミュニケーションの対象とすることがあります。

5. ターゲット以外の第三者が購買の意思決定に大きく関与する

例えば小学生が携帯電話を購入する際、商品の選択は購入者本人によって行われますが、お金の出どころである親の最終的な承認なしで購買の最終決定がなされることはあまりないでしょう。

以上5つのポイントを踏まえ、ブリーフィング資料にターゲットを記載する際は、商品のターゲット＝コミュニケーションターゲットで良いのか、という点をまず考慮しましょう。その上で、商品のターゲットをベースとしつつ、そこに以下4つの視点を持って調整を加えていきます。

- 商品のターゲットのうち特定のサブセグメントに集中する
- 商品のターゲットのうち特定のサブセグメントを除外する
- 商品のターゲットに別のターゲットを追加する
- 商品のターゲットを別のターゲットで置き換える

メディア選定の方向性・留意点・・・メディアブリーフィング向け

メディア選定に関して、特にディレクションを付けておきたいことがあれば追記しましょう。メディアに関するディレクションは、メディアバイイング全般に関するものと、個別の領域の指示をより具体的に追加するものに大きく分けることができます。

■メディアバイイング全般に関するディレクション

「露出保証・クリック保証を問わないが、コストはCPC換算で200円未

満のもの」など、課金形態（**CPM**：コスト・パー・ミル、CPC、CPA）の指定や、それらに一定の閾値がある場合はそれも明記します。また、広告がスパム化してしまわないようにオーディエンス個人ごとのフリークエンシーに、キャンペーン単位で、あるいは年間で見てキャップをかけたい場合は、その旨も明記します。当たり前だと思っているようなこと、例えば**ブランドセーフティー**の観点からアダルトサイトや公序良俗に反するサイトなどには広告を表示しないこと、なども明記しておくべきです。また、特にアドネットワークやDSPなどでは同一面に何個も同じ広告が出てしまうようなことがありますが、これもユーザーエクスペリエンスを考慮し避けるべきと考えるのであればその旨を明記します。これら、適切な表示の管理（**アドベリフィケーション**）は簡単なようでいて実は一筋縄にはいかず、対策にはコストがかかってきますが、どの程度のコストがかかるかを把握するにも、まずはその旨をブリーフィング資料に明記しておかなくてはなりません。アドベリフィケーションについての詳細や具体的な対策方法は次の4.5「メディアプランの策定」で解説していきます。

■個別の領域の指示をより具体的に追加するディレクション

　例えばカスタマージャーニー上では単に「動画広告」としているものでも、この項目では「多少イントゥルーシブ（押しつけがましい）でも完全視聴が狙えるもの」であるとか、逆に「イントゥルーシブなものはブランドイメージの悪化を懸念して避ける」など、より具体的な割り付けを行います。避けるべきメディアや**ビークル**があれば、あるいは必ず利用するべきものがあればそれらも合わせて明記します。

■指定なのか例示なのか

　カスタマージャーニーに記載している指定の中で、何が所与で何が変更提案可能なのか、という指示もつけておきます。イメージを持ってもらうために例示しているだけなのか、必ず指定のメディアやビークルを使用する必要があるのか。メディアエージェンシーとの関係値によっては、これら全てを限なく網羅して指示する必要はないと考えるかもしれません。しかし、ブリ

ーフィング資料は時に皆さんの手元を離れて一人歩きしますし、馴染みのエージェンシー、馴染みの AE でもその裏で動いてくれているメンバーや孫請け先のメンバーが、皆さんのあずかり知らぬところで別の人に変わっていないとも限りません。毎度前回のブリーフィング資料をテンプレートとして使用し、別名保存するようにすれば、仔細な指示でも作成の手間はそれほどかからないはずです。

クリエイティブの方向性・留意点

■個別の領域の指示をより具体的に追加するディレクション

　カスタマージャーニー上の特定の制作物について、必要に応じて具体的なディレクションを追加します。WTS レベルの指示（ストラテジープランナー向け）と How to Say レベルの指示（クリエイター向け）があります。前者は、本章の例のカスタマージャーニーで言えば、当該商品を「候補に入れて」もらうことをメインのジョブとするスペシャルサイトトップページのコンテンツについて、まずはそのために必要なファクターをデータで示してほしい、などと指示します。ベネフィットなのか RTB なのか。ベネフィットであれば、情緒的なベネフィットなのか機能的なベネフィットなのか。また、具体的にどのような情緒的／機能的なベネフィットなのか。このように合わせて論点を整理しておくと、エージェンシーサイドの作業が効率化し、よりシャープな提案が期待できます。How to Say については、後述する通り原則は極力具体的な指示を避けるべきですが、「ウェブカタログについて、競合商品○○と比較されることを想定し、比較の手間を省いてあげられるような UI を提供する」などエージェンシーが思いつきにくい留意点があればそれを明記します。

■一人のクリエイティブディレクターがチェックする範囲

　クリエイティブの方向性について追加で確認しておきたいのが、キャンペーンを通じた「表現」と「クオリティー」の一貫性です。もちろんどんなキャンペーンにもキャンペーン全体を通じたクリエイティブの一貫性は必要なのですが、それがどの程度までのものなのかをここで明確にしておきましょ

う。より具体的には、一人のクリエイティブディレクターがどこからどこまでをチェックするべきか、ということです。テレビ CM などの動画とウェブ系の制作物を違う制作会社や制作チームが作成することは多く、例えばクリエイティブディレクターが前者の制作チームから来ている場合は、ウェブ系の制作物のチェックがとかく抜けてしまいがちです。そのような問題を防ぐために、どの制作物のどこからどこまでを CD がしっかり確認して一貫性とクオリティーを担保する必要があるのか、ということを明記します。

■ SLA（サービスレベルアグリーメント）

また、特にウェブ系の制作物に関しては、予算に大きく関係してくるところなので SLA を明確にしておきましょう。SLA とは、システムのパフォーマンス、もしくはシステムのオペレーションについて、最低でもここまではベンダー側で保証しますよ、実現できなければ納品したことにはならないと認めますよ、などという形で広告主とエージェンシーの間で結ばれる合意書です。サポートしてくれる IT 部門や購買部門があれば、それらの部門と相談して策定します。全く知見がなく、他部門からのサポートも受けられないということであれば、現在制作作業を担当していない第三者的な制作会社に、策定のアドバイス（ピアレビュー）を求めてみましょう。いかなる規模のキャンペーン・ウェブサイトでも最低限以下の 4 項目は握っておく必要があります。

- サポートブラウザ・OS
- ウェブサイト表示のパフォーマンス（速度）
- 最大同時接続数
- ダウンした際の復旧時間

特にサポートブラウザ・OS はテスト工数の多寡と関係して制作コストに大きく影響してくるので、要求を明確にしておきましょう。また、表示のパフォーマンス（速度）は、コンバージョンレートやブランドイメージに大きく影響するところなので、制作に入る前に必ず合意しておきます。表示の速

度は通信環境や使用デバイスに依存するので、また人間が体感する表示速度とブラウザによるレンダリング速度は必ずしも一致しないので、具体的な数値目標の設定は困難です。ベンチマークとするサイトなどを指定しておき、同じデバイスと環境で計測したときに体感値で大きな差が出ない、という程度の合意にしておくのが現実的です。ここで重要なのは、広告主の意識を伝え、エージェンシーにもパフォーマンスに対して意識を向けてもらうことです。

これらはキャンペーンの都度設定することではないので、一度策定したらそれを雛形に入れておいて、新規のブリーフィング時に使い回せるようにしておきましょう。

■具体的なクリエイティブ（How to Say）の指示は控える

クリエイティブに関する具体的なアイデアやコンセプト、演出に関する細かい指示は、極力控えた方が良いでしょう。エッジの効いたクリエイターであればやる気をなくしたり、逆に変に気を使ってしまい創造性をフルに発揮できなくなってしまいますし、出てきた提案について自分自身も冷静で客観的な判断ができなくなってしまいます。

予算・KPI

■クリエイティブとメディアの予算の内訳とKPIの算出依頼

4.3「キャンペーンのKPI設定・予算配分」で策定した予算とKPIの項目をここに記載します。また、KPIの実数についてディレクションがあればその旨を明記するか、別途ミーティングをするなどして説明します。詳しくは4.3「キャンペーンのKPI設定・予算配分」を参照してください。

デリバラブルズ

■提案・納品してほしいアイテムの一覧

最後にデリバラブルズです。クリエイティブのパートはコンセプト（ビッグアイデア）、制作物、msic（ミレセイニアス：その他もろもろ）の3種類

に分類できます。それぞれストラテジープランナー、クリエイティブ、AE
の担当事項になります。メディアはメディアプランと msic のみです。

　以下にリストアップしたアイテムの中から、キャンペーンごとに適切なも
のを選んでブリーフィング資料に明記しましょう。また、クリエイティブに
関しては、ターゲットとタッチポイントによってはコンセプトのレベルまで
深掘りする必要のないものもあるので、何に対してどの粒度までの提案が必
要なのかを明確にしておきましょう。

クリエイティブ
- ●コンセプト
  - ーターゲット＆マーケットのインサイト・分析
  - ー WTS
- ●制作物
  - ー企画フェーズ（プレゼン時）
    - スローガン・タグライン・キャッチフレーズ
    - キービジュアル・ヒーローイメージ
    - ムードボード・イメージとしての参照事例
    - 動画の企画コンテ（字コンテ・絵コンテ）
    - ウェブサイトのワイヤーフレーム（レイアウト確認用のラフデザイン）
  - ー制作フェーズ
    - 動画の演出コンテ・PPM（プリプロダクションミーティング）資料
    - ウェブサイトのサイトマップ・外部仕様書
    - ウェブサイトのテスト仕様書・計画書
    - プレゼントキャンペーンにおけるプレゼントの具体案
    - プレゼントキャンペーンの運用スキーム
  - ー入稿・納品フェーズ
    - ウェブサイト・モバイルアプリ
    - 動画（種類・フォーマットを明示）
    - バナー（種類・フォーマットを明示）

● misc
　－スケジュール
　－見積もり

メディア
●メディアプラン
● misc
　－スケジュール
　－見積もり

4.5

メディアプランの策定

4.5.1 なぜ広告主にメディアの知識が必要か?

理想の家を作るときの施主の知識

注文住宅をハウスメーカーと作っていくのに、キッチンには何種類の供給業者がいて、それぞれどのような商品群を抱えており、各商品の弱み・強みは何なのか、ということを詳細に把握している施主はいないでしょう。しかし、キッチンにはどのような種類があり(対面型、クローズ型など)、それぞれがどういう特徴か(対面型はダイニングを見ながら料理できるが収納性が悪くこまめな片付けが手間、など)を把握している人は少なくないでしょうし、それらは家を注文する際に施主の要望を専門家に正確に伝え、完成形のイメージをすり合わせる上で有用な知識です。また、知識を持っている施主とのやりとりは、建築士にとっては普通より緊張を強いられることでしょうが、同時にやりがいのあることでもあるでしょう。

デジタルメディアに関する広告主側の知識も同様です。実際のメディアプランは、ブリーフィングを受けてメディアエージェンシーが作成することになります。メディアエージェンシーの提案は、上記の例でいうと「何種類の供給業者がいて」「どのような商品群を抱えており」「各商品の弱み・強みは何なのか」という粒度になります。広告主はそれに先立ち「ここでこういうことがしたい」というイメージを明確に伝えるために、また油断できないという抑止力をエージェンシーに対して効かせるために、そして上がってきた提案を適切に判断するために、メディアの知識を身につけておく必要があります。なお、2章デジタルマーケティングのSOWを定義する」でも触れていますが、マーケティング組織の中にメディアを担当するチームがあれば、これらはそこのデジタル担当が責任を負う領域である可能性もあります。

デジタルメディアの不透明性に潜む三重の問題

　昨今はデジタルメディアのトランスパレンシーが大きな問題になっています。透明性を担保していこう、と一言で言うのは簡単ですが、実際に実行していくには様々な問題が伴います。そこには三重の問題が潜んでいるからです。

- クリックや閲覧がボットではなく人間によって行われているか（消費者→メディアのレイヤー）
- メディアが正しい数字をエージェンシーに伝えているか（メディア→エージェンシーのレイヤー）
- エージェンシーが正しい数字を広告主に伝えているか（エージェンシー→広告主のレイヤー）

　この3つのレイヤーの問題を全て解決するには、膨大な時間とリソース、そして業界を横断した内部＆外部監査システムの構築が必要です。いずれにせよ、今すぐには解決できない問題であることは確かです。そんな中、広告主サイドで当面できることといえば、抑止力を担保することしかありません。私たちはちゃんと知っていますよ、ちゃんと見ていますよ、ということをメディアやメディアエージェンシーに伝え、不正や不注意が発生する可能性を極小化するのです。デジタルメディアの基礎知識は、そんな抑止力の構築に必要不可欠です。

　以下、代表的なデジタルメディアと、それを活用するためのツールを解説していきます。

- アドネットワーク
- DSP
- SNS広告
- **3PAS**（サードパーティー・アド・セービング）
- アフィリエイト

- **予約型広告（純広告）**
- 動画広告
- 記事広告
- 検索エンジン広告

■アドネットワーク

　メディアの運営者が自社の広告枠をアドネットワークプラットフォーマーに信託し、信託を受けたプラットフォーマーがメディア運営者に代わって当該広告枠を（メディアエージェンシーを通じ）広告主に販売することで中間マージンを得るビジネスモデルです。信託される在庫には、自ら広告枠を販売することができない個人ブログ・個人サイトや中小サイズのサイトのみならず、広告枠の販売を効率化したい大規模メディアのものも含まれています。アドネットワーク運用事業者は、大中小のメディアをバンドルすることで実現する広告在庫のセレクションのみならず、各メディアが個別では実現できない高度なターゲティング技術を提供することで、複数のメディアを管理する広告主の手間を省くと同時に、より柔軟で詳細なメディアプランニングを可能にしてくれます。

　クリエイティブのフォーマットとしては、大部分のインベントリー（在庫）が静止画、もしくは GIF 形式のバナーですが、一部動画のインベントリーも存在します。テキスト広告のインベントリーはあるにはある、というレベルです。

　提供されるターゲティング方法は、大きく行動ターゲティング（BT：ビヘイビアターゲティング）、コンテンツターゲティング（CT）、プロフィールベースのターゲティングに分けられます。行動ターゲティングは、ユーザーのインターネット上の行動をベースにしたターゲティングです。特定のサイトやページを訪問したオーディエンスに広告を表示する「リターゲティング」も、この行動ターゲティングの一種です。その他にも、アドネットワークベンダーがあらかじめ設定しているサイトのカテゴリー（「海外旅行」な

ど）をベースとした閲覧履歴でターゲティングができるほか（例.「海外旅行」関係のサイトを訪問した人＝海外旅行の興味関心者）、検索エンジンで特定のワードを検索した人をターゲティングできるアドネットワークもあります。それらをさらに発展させたものとして、検索履歴やコンテンツ閲覧履歴など複数の行動データを組み合わせ、特定の（自社）商品の見込み客となりうる人をアドネットワークが推定してターゲティングしてくれるメニューもあります。

　自社の CRM データベースを大規模な ID 会員基盤を持つメディアに暗号化した形で提供し、メールアドレスなどの情報を付け合わせることで CRM データベース上の個人（ブラウザ）とメディアが管理する DMP 上の個人（ブラウザ）を紐付けして、自社の CRM データ、例えば「商品○○を購入した人」などに基づいたターゲティングを可能にする商品があることは 3.3「マーケティングツール投資の計画を立てる」で解説した通りです。

　また、前述のリターゲティングや自社 CRM データを使ったターゲティングの追加機能として、例えば特定のウェブページを訪問したオーディエンスに「類似したオーディエンス」をターゲティングできるメニューもあります。「類似したオーディエンス」とは、ウェブサイトの閲覧行動が類似しているユーザーを意味し、類似性を判断する詳細なアルゴリズムは非開示ですが、クリック率やコンバージョンレートなどの実際の結果を見て、参照元となるリターゲティングなどとどれだけ差があるかで各メディアの提供するアルゴリズムの精度が比較できます。

　コンテンツターゲティングは、デジタル広告以外でも一般的な「掲載面」でのターゲティングです。アドネットワークプラットフォームは登録されているサイトをカテゴリー分けしているので、そのカテゴリーを指定して関連するサイトに広告を表示する、というのがもっとも基本的なコンテンツターゲティングです。上記行動ターゲティングとの違いは、ユーザーが「まさに今」そのカテゴリーに属するサイトを見ている、という点です。行動ターゲティングの場合は、例えば過去にテニス関連のサイトを見た人に対して、今現在は野球関連のサイトを見ているタイミングでもテニスラケットの広告を

出す、というようなことが可能です。あらかじめ設定されたカテゴリーがなくても、特定のキーワードを設定し、サイトに含まれる文章などからプラットフォームがそのキーワードに関係すると判断するサイトに広告を表示することが可能です。また、URL を指定して特定のサイトを手動で選択する「**プレイスメント**」というターゲティング方法もあります。これだとそのサイトから直接予約型の広告を購入すればいいではないか、とも思うかもしれませんが、あえてアドネットワーク経由で買い付けをするメリットは前述の行動ターゲティングとの掛け合わせで利用できるのと、課金形態として CPC を利用できるという点です。CPC では、広告主がクリック単価を設定し、それを上限とした入札方式で広告価格が決まります。原則入札価格の高い広告主の広告が優先的に配信されますが、プラットフォームによっては広告・クリエイティブの品質をクリック率などをもとにスコア化して、それをオークションに加味しているところもあります。

　アドネットワークの弱点は、行動ターゲティングを使った場合、広告主は広告掲載面をコントロールできないどころか、自分の広告がどこに掲載されているのかを把握することすらできないという点です。これには 2 つの問題があります。1 つはページの最下部などほとんど閲覧されない面に広告が掲載されてしまう、という**ビューアビリティ**の問題。もう 1 つは、公序良俗に反するサイトに広告が掲載されてしまうというブランドセーフティーの問題です。行動ターゲティングという強力な武器を残したまま、これらの問題を解決しようとして登場したのが **PMP**（プライベートマーケットプレイス）です。アドネットワークや、後述する DSP の中に、ビューアビリティやブランドセーフティーが担保された優良インベントリーだけで構成される仮想のマーケットプレイスを構築し、それを招待された広告主だけに開放する、というのが基本的な仕組みです。日本ではまだ定着しているとは言い難いですが、ブランドセーフティーに対する議論の高まりを受け普及が期待されています。

　プロフィールベースのターゲティングは、アドネットワーク運用事業者が

ユーザーの ID を保有している場合、その ID 登録時に入力してもらったプロフィール情報をもとにターゲティングを行うというものです。アドネットワーク内にあるサイトを閲覧しているユーザーの全てが当該 ID を持っているわけではないですし、持っていても全員がログインしているわけではないため、ターゲティングできる対象のオーディエンスはクッキーベースの行動ターゲティングと比べると大きく限られてきます。

■ DSP

DSP（デマンド・サイド・プラットフォーム）は、複数のアドネットワークと複数のアドエクスチェンジ（広告枠の自動取引所）を横断して広告の買い付けができるプラットフォームです。アドエクスチェンジ自体、複数のアドネットワークを横断して広告の買い付けができる仕組みなのですが、それらをさらに横断して買い付けをすることができます。配信できる広告フォーマットやターゲティングの方法はアドネットワークとほぼ同じです。アドネットワークとの違いは、まずは複数のアドネットワークを横断しているためフリークエンシーなどを一元管理できるリーチが広くなるということです。もっとも、アドネットワークでもグーグルが運営する **GDN**（グーグル・ディスプレイ・ネットワーク）やヤフーが運営する **YDN**（ヤフー・ディスプレイ・ネットワーク）は、単体でもそれらを含まない DSP に勝るとも劣らないリーチを誇るので、これは一概に言えることではありません。また、例えばグーグルが運営する DSP である DBM（ダブルクリック・ビット・マネージャー）は GDN・YDN 双方の在庫をカバーするので国内では最大級のリーチを誇りますが、GDN・YDN をそれぞれ単体で回したときと比べ、よりコスト効率が良いということはありません。あくまで一元管理できるリーチが広くなるだけである点に注意が必要です

また、DSP では1広告枠の1 **インプレッション**ごとに入札を行う **RTB**（リアル・タイム・ビッティング）という仕組みで、より細かく入札価格をコントロールすることができます。例えば、過去に「テニス」で検索した人に広告を出したい広告主が2社いたとします。該当するオーディエンスが対象のページを訪れた際、広告のインプレッションが発生します。このとき、本

コンテンツが表示されてから広告が表示されるまでの間に発生する、人間が感知できないほど短い時間の間にインプレッション単価によるオークションが行われ、より高い金額で入札している広告主の広告がこのオーディエンスに対して表示されます。アドネットワークの場合、オークションはこのようにインプレッション単位ではなく、広告主が入札単価を設定したタイミングでアドネットワーク全体に対して行われ、より入札価格の高い広告主の広告から優先的に枠が割り当てられます。いずれの場合も、広告主や運用を代行するメディアエージェンシーの実務としては入札価格の上限の設定のみで、実際の入札はシステムにより自動的に行われ、入札金額はオークションに勝つために必要とされる最小の金額に自動的に調整されます。

デメリットの1つは、多くのDSPでCPC課金が使えないことです。CPMでの入札になりますが、RTBで入札単価が自動的に細かくコントロールされるので、結果CPCを計算してみるとアドネットワークよりも安い、ということは珍しくありません。

前述のアドネットワークもこのDSPも、ユーザーベースの行動ターゲティングにはブラウザクッキーという技術を使いますが、この技術はいま大きな岐路に立たされています。3.3「マーケティングツール投資の計画を立てる」でもプライベートDMPの文脈で触れましたが、iOS11とmacOS Sierra上で動くブラウザ「サファリ」に搭載されたITPという機能により、サファリユーザーに対しては、ドメインをまたいだクッキーの利用が原則できなくなったのです。これは2つのことを意味します。1つはコンバージョンのトラッキングができなくなること、もう1つはリターゲティングをはじめとしたクッキーベースの行動ターゲティングができなくなることです。この問題に対する各メディアのリアクションは様々なので、出稿に際しては各メディアの対応を確認するようにしましょう。

■ SNS広告
ITP問題では、ドメインをまたいだクッキーを使用するDSPなどのプラ

ットフォームが影響を受けましたが、SNS広告はそもそもクッキーに依存せず、IDベースでターゲティングやトラッキングができるためこの影響を受けません。掲載面も担保されブランドセーフティーの問題も少なく、利用者もまだ上昇トレンドなので、今後デジタル広告の中心を担う存在として注目を集めています。

[フェイスブック広告]
　フェイスブックでは、利用者が登録時に興味・関心などを含めた詳しいプロフィールを登録しており、かつ利用時は必ずログインしているので、個人のプロフィールに基づいたターゲティングが可能です。フェイスブックのプロフィール情報はとても細かく、年齢、性別、勤務先、居住地域などの基本的なデモグラフィック情報から、交際ステータスや恋愛対象が異性か同性かなどといった情報までが広告のターゲティングに活用できます。また、前述の通り興味・関心も自らの手で登録されており、これは自分のタイムラインに流れてくる情報を左右するので正確であることが期待されます。
　アドネットワークやDSP同様、リターゲティング広告を配信することもできます。さらに、自社のフェイスブックページのファンになっているかどうかという情報をベースにして、すでにファンになっている人をターゲティングすることも、逆にまだファンになっていない人をターゲティングすることも可能です。いくつかのアドネットワーク同様、自社のCRMデータベースの情報をフェイスブックに暗号化して受け渡し、これをフェイスブックに登録されているメールアドレスと紐付けることで、自社の既存顧客を特定して広告を配信することも可能です。これらについては、やはりアドネットワークやDSP同様、類似ユーザーへの拡張配信が可能です。課金形態は、CPCとCPMが選択できます。さらに、クリック率やコンバージョンレートが優れた方に自動的にクリエイティブを寄せていく最適化配信が利用できます。

　広告のフォーマットとしては、全てのインベントリーでバナーに加えて動画広告を活用できます。ポスト自体を広告として活用することもできるので、

より「広告っぽくない」、オーディエンスの文脈に沿った表現をすることも可能です。また、写真を横に並べて表示できる「カルーセル」や、**ランディングページ**に遷移することなくフェイスブック内でウェブページのような自由度の高い表現ができる「キャンバス」など、非常に多彩な表現手段を提供しています。動画広告は、アドネットワークでも入稿できますが前述の通りインベントリーはごく限られているので、動画広告を配信しようと思うとこのあとで説明する動画系のプラットフォームとツイッター広告、そしてこのフェイスブック広告が有力な選択肢になってきます。

さらに、フェイスブック広告は、通常のキャンペーン告知に加え、フェイスブックページのファン獲得のための広告、自社投稿のファン向けブーストなどという用途にも活用できます。後者は要は投稿をクリエイティブに活用するというフォーマットと、自社ページのファンに配信するというターゲティングの組み合わせですが、なぜこのようなことをする必要があるかは「エッジランク」と呼ばれるフェイスブックの投稿フィルタリングアルゴリズムと関係しています。普段皆さんが見るフェイスブックのタイムラインには、皆さんが「いいね！」している友達や企業の投稿が全て表示されているわけではありません。当該投稿の新しさや、「いいね！」数・コメント数などから決定される重要性、並びに投稿者と閲覧者の親密さなどが総合的に勘案され算出された「エッジランク」に基づいて、表示されるかされないかが決定されます。どれくらいのファンに実際に投稿が到達するかはアカウントの規模によりけりですが、数十万のファンを抱える企業アカウントであれば50％に到達することは稀でしょう。それを補う手段が、広告による投稿のブーストです。フェイスブックはこのエッジランクのアルゴリズムをコントロールすることで、企業のプロモーショナルな投稿をタイムラインから減らすなどして、優れたユーザーエクスペリエンスを担保しようと努力しています。ユーザーとしてはありがたいですが、マーケターとしては自社投稿のオーガニックなリーチが減ってしまうので悩ましいところです。

このように、フェイスブック広告は非常にカスタマイズ性が高く、キャン

ペーンのターゲットがフェイスブックを利用する層であればメディアプラン
の核となりえます。カスタマイズ性が高いがゆえに当然実際のパフォーマン
スも高く、世界レベルで見るとデジタル広告市場はフェイスブックとグーグル
にほぼ寡占されているという現状がそれを裏付けます。気をつけなくては
いけないのが、その分キャンペーンの都度フェイスブック広告を活用してい
ると、キャンペーンごとにフリークエンシーを適切に管理していても、年間
を通して見たときにフリークエンシー過多になってしまう可能性があること
です。フェイスブックを見るたびにこの会社の広告が出てくる、という状況
になると広告がスパム化して逆にブランドイメージを悪化させる、などとい
う事態になりかねません。

［ツイッター広告］
　ツイッター広告でも、自社の CRM データをベースとしたターゲティング
含め、ほぼフェイスブックと同じターゲティング方法が用意されています。
グーグルをはじめフェイスブック、ツイッターなどグローバルでビジネスを
展開するメディアは、高い成長性ゆえに資金調達が容易なことに加え世界中
から優秀なエンジニアを獲得でき、かつ売上規模に応じた研究開発費を拠出
できるので、広告商品開発能力に関しては圧倒的に分があると言わざるをえ
ません。利用者の数や質など消費者向けのメディアという観点からはこれら
と伍するプレイヤーは国内にも少なくないですが、広告主向けのマーケティ
ングプラットフォームという意味でグローバルメディアと肩を並べるのは、
国内のみで事業を展開する企業にとってはかなり難しくなっているのが現状
です。
　ツイッターがフェイスブックと異なる点は、まずはユーザー層とその使わ
れ方、またプロフィール情報の性質でしょう。ツイッター廃人（ツイ廃）な
どとも揶揄される中毒的な利用者がいたり、フォロワー数が通貨のような大
きな意味を持っていたり、1つのインターネットミーム（ネタ）を巡ってお
祭り騒ぎが起きたりと独特の使われ方をされるため、プロフィール情報に関
してはフェイスブックとは性質が異なると考えられます。また、フェイスブ
ックでいうエッジランクのような投稿のフィルタリング機能がツイッターに

はないことも相まって、そこに流される広告を含めたタイムラインの見られ方、注意のされ方もフェイスブックとは異なることに留意が必要です。

　広告メニューという観点におけるフェイスブックとの大きな違いは、ツイッターでは誰々をフォローしている人、というフォローの仕組みを使ったターゲティング設定ができるのと、サードパーティーツイートという第三者によるツイートのブーストが可能な点です。後者は、例えば自動車情報サイトなどの専門サイトに記事広告を作成してもらいその記事に関してツイートをしてもらった上で、そのツイートを第三者である広告主が広告としてブーストする、といった使い方が可能です。**ステルスマーケティング**にならないように当然広告タグはつきますが、それでもユーザーのメディア利用の文脈に沿ったより自然な広告表現といえるでしょう。

　　［インスタグラム］
　インスタグラムはフェイスブックに買収され、今はフェイスブックの一部であるため、広告配信のプラットフォームをフェイスブックと共有しています。それゆえ、フェイスブック広告のターゲティング方法はインスタグラムでもそのまま活用できます。クリエイティブのフォーマットには、写真、動画、カルーセルに加え、「ストーリーズ」というインスタグラム独特のものがあります。ストーリーズには、インスタグラムのアプリを開くと最上部に出てくるアイコン列からアクセスできます。通常のユーザーからの投稿では（広告でない場合は）、ストーリーズの投稿は24時間で消えてしまいます。ストーリーズには動画や、テキストでデコレーションされた画像のスライドショーが投稿されるのが一般的ですが、統一された「テーマ」や「世界観」が重要なインスタグラムでも日記的な気の置けない投稿ができるように追加された機能なので、一般ユーザーの投稿に関しては内容は非常にカジュアルなものが多いのが特徴です。本書執筆時現在ではまだそれほど多くの広告主が参入していないのと、ファーストビューに表示されるためアテンションがとりやすく、ソーシャルメディアの中ではまだ比較的クラッター化（ごちゃごちゃ）が進んでいない広告と言えるでしょう。インスタグラムの広告はやはり写真が中心になりますが、あまり「広告広告」していない、「テーマや世

界観のある写真→その世界観を踏襲したランディングページへの遷移」という組み合わせがうまく機能します。インスタグラムはもともと企業のプロモーションがしづらい設計だったため、他のプラットフォームよりユーザーの広告へのアレルギーが強いのが特徴です。いかにも広告、という表現はブランドのイメージをむしろ悪化させかねないので注意が必要です。オーディエンスがそのメディアを利用する文脈に合わせたコミュニケーションをする、というのがデジタル広告の鉄則ですが、ストーリーズに広告を展開する際も、通常投稿とストーリーズの閲覧のされ方の違いを意識したクリエイティブを開発していきます。

■ 3PAS

3PAS は、メディアではなく、広告主がデジタル広告を管理するためのプラットフォームです。バナー広告などの配信を専用の**アドサーバー**経由に一元化することで、以下を実現することができます。

効果測定	・バナー広告・動画広告の「表示」ベースでの効果測定を実現する ・コンバージョンの重複を排除して正確な効果測定を実現する
入稿管理	・広告クリエイティブの管理を一元化する
配信管理	・ユーザーごとのフリークエンシーの管理をより厳密に行う ・不正行為の管理をより厳密に行う

「効果測定」に関しては 4.7.2「効果測定各論」で詳細に説明していくので、ここでは「入稿管理」と「配信管理」を掘り下げていきましょう。

まずは「入稿管理」ですが、広告主（メディアエージェンシー）がバナーなどの広告入稿を行う際、メディアに直接入稿するのではなく 3PAS に入稿することで、連結している全てのメディアに自動的に入稿を行うことができます。この機能はバナーの差し替えが頻繁に発生する広告主に特に重宝されます。

次に「配信管理」ですが、この文脈で 3PAS がもっとも力を発揮するのは、広告配信時のフリークエンシー管理です。広告が同じユーザーに何度表示さ

れるか、がフリークエンシーの定義ですが、フリークエンシーは多ければ多いほどいい、というわけでも少なければ少ないほどいい、というわけでもありません。例えばページの最下部にバナーが表示されていて、かつ当該オーディエンスが画面をスクロールしていない場合などは、そもそも物理的にそのバナーが見られることはあり得ません。また、例えバナーが物理的に閲覧できる状態にあったとしても、オーディエンスがそれに注意を引かれる可能性は限りなく低いと言わざるをえません。カクテルパーティーでは知人の声や自分の話題だけが騒音をかき分けて耳に入ってくる、という「**カクテルパーティー効果**」が働き、「広告的な何か」を視界の片隅に検知したオーディエンスは、それを自分とは関係がないものとして本能的に無視してしまいます。仮に注意を引くことに成功したとしても、一度の閲覧がそれをクリックさせたり後ほど商品名で検索させたりするのに十分な印象を残すとは限りません。以上の理由から、例え広告が「インプレッション」されたとしても、それがすなわち「ユーザーによる印象を伴った閲覧」を意味するわけではないのです。そうなると、クリックさせるなりビュースルーサーチさせるなりして最終的にコンバージョンを発生させるには、たった一度の広告表示だけでは不十分でしょう。

　一方で行き過ぎたフリークエンシーはブランドセーフティーの観点からご法度です。買う気があってもなくても、繰り返し繰り返し表示される広告は非常に煩わしいものです。フリークエンシーがそういうレベルにまで到達すると、逆にアテンション（注意）はとりやすくなるのですが、そのアテンションによってむしろブランドイメージを悪化させてしまうことになります。買う可能性がいくらかでもある人は、ある意味根負けしてバナーをクリックし、最終的に商品を購入するかもしれないので、コンバージョンの最大化だけを考えたらフリークエンシーはある程度多めに設定すべきです。具体的にどれくらいにするべきかは実際に同じバナー・同じターゲティングでフリークエンシーだけを変えて A/B テストをしてみれば、実数を弾き出すことができます。商材やコンバージョンをどこに置くかにもよりますが、15 回程度になることが多いようです。しかし、それでは前述の例のようにブランド

イメージを犠牲にしてコンバージョンを立てている可能性があるので、サーベイを実施したり、ソーシャルリスニングなどで「○○の広告がうざい」などという書き込みが出現し始めるタイミングを注視して、ブランドセーフティー視点での安全値を設定し、両者のバランスを図っていきます。3PAS はこのようなフリークエンシー管理を確実にしてくれます。かつ、ベリフィケーションという機能で、配信面のコントロールをより厳密にすることもできるので、その意味でもブランドセーフティー管理をサポートしてくれます。

　ただ、どのような 3PAS を使っても互換性のあるメディアには限界があるので、全て 3PAS 経由でフリークエンシーを完全にコントロールしようとするとリーチや効率性が犠牲になります。また、3PAS の利用料として広告費の一定の割合が追加でかかってくるので、その意味でも広告の **ROI** は悪化します。このあたりは次の章で詳細に議論していきますが、皆さんの所属するマーケティング組織がどの程度効率重視なのかブランドセーフティー重視なのかと合わせて、また後ほど説明する効果測定におけるメリットも考慮したうえで採否を検討していきましょう。

■アフィリエイト

　アフィリエイト広告は、ASP と呼ばれるシステムベンダーを通して提供されるサービスです。ASP が抱える「アフィリエイター」が、自分のサイトで広告主の商品などを紹介し、その際実際に商品が売れるなど広告主の設定するコンバージョンが達成されると、アフィリエイターに報酬＝広告費が発生する、という仕組みになっています。広告主は ASP のシステムにバナーなどを登録し、報酬を設定して、ASP が発行するメールや ASP のメディア担当チームを通じてアフィリエイターを募ります。ASP の儲けは、成功報酬が発生した際の中間マージンです。広告主から見た課金形態は CPA ですが、ASP が抱えるアフィリエイターの中には個人の他に大手のポイントサイトなどもおり、その場合はバナーの掲載やページの作成に成功報酬とは別の固定費が発生する場合もあります。また、報酬の設定は定額と定率（売上の○％）がありますが、ポイントサイトは定率しか選べない場合が多い

です。ポイントサイトのビジネスモデルは、実はこのアフィリエイト広告に依存しています。例えば、航空会社が航空券予約1件につき5%のアフィリエイト報酬＝広告費を設定してポイントサイトをアフィリエイトパートナーとして活用しているとします。このポイントサイト経由で100,000円の航空券が売れた場合、ポイントサイトはユーザーにポイントを付与する必要がありますが、その原資は上記の5%の中から拠出されます。例えばポイント付与率が3%だった場合、5-3=2%で2,000円のアフィリエイト報酬がポイントサイトに入ってきます。ポイントサイト経由で買い物をするユーザーは、実際にポイントサイト内で「何かないかな」と商品を探している人もいるとは思いますが、すでに購入を決めている商品をあえてポイントサイト経由で買っているケースも多いでしょう。それでも、似たような商品が2つあり1つはポイントサイトにあってもう1つはポイントサイトにない場合、ポイントサイトの愛好者はポイントサイトにある商品を選ぶため、広告出費は全くの無駄金というわけではないですが、売上がいくらか「ダイリューション（薄まる）」している、つまり払わなくても良い広告費を払っている、という要素があることは否めません。

　獲得報酬なので、広告主は商品が売れない限りは、いくら広告が表示されようが、クリックされようが、広告費を支払う必要は一切ありません。そう聞くと理想的な広告のようですが、実際は上記ポイントサイトの例のような売上のダイリューションがあったり、アフィリエイターの自己注文など様々な不正があったりして、手放しで評価できるものでありません。不正は、自己注文のような明らかな不正であれば、規約で禁止しておきASPの不正対策チームに取り締まってもらうことができますが、明らかにルール違反とは断じることができないグレーな不正行為や、明らかにルール違反であっても取り締まりが難しい不正行為も存在します。

　このようにいろいろと問題も多いアフィリエイトですが、時間をかけて良いアフィリエイターのネットワークを築くことができれば、強力なマーケティングツールになりえます。特に有力なパートナーとなりうるのは比較サイ

トです。もちろん情報がフェアであることは比較サイトの命綱なので、アフィリエイト報酬がもらえるからといってレビューに手心を加えるようなサイトは最終的に消費者の支持を得られないので相手にするべきではないですが、フェアにかつ正確に詳細にレビューをしてもらう上での情報提供は積極的に行うべきでしょう。また、純粋に商品が好きで、それを自分のブログなどで紹介してくれる人に、成功報酬で少し謝礼を払って感謝の意を表明する、という理想的なケースは、ある意味でマーケティングの未来系なのかもしれません。ボリュームを期待できるものではなくとも、長期的な視点で投資をしていく価値を見極めましょう。

■予約型広告 （純広告）

いわゆる「手売り」の純広告で、インターネット広告の黎明期から存在するもっともクラシカルな広告形態です。メディアエージェンシーを通じて媒体社に予約の申し込みをし、枠を押さえた上で、決められた期間内に広告を出稿します。ヤフージャパントップページの「ブランドパネル」などが代表格です。CPM でインプレッション数が保証される場合が多いですが、一週間など一定の期間が保証される場合もあります。

手売りの純広告は、大手サイトのトップページなどプレミアムポジションに限られてきており、決して盛り上がっているカテゴリーではありません。大手のニュースサイトなどでも、最近は広告在庫を **SSP**（サプライ・サイド・プラットフォーム）と呼ばれるプラットフォームを通じてアドネットワークやアドエクスチェンジに開放しており、広告主としてはそちらで十分にリーチも確保できてしまいます。しかし、そういった大手サイトのプレミアム枠では、ターゲットを指定しない「ブロードリーチ」であれば、結果としてリーチ単価や CPC 換算したときのコストが安くなるケースが多く、ブランドセーフティーの観点からは掲載面が 100% コントロールできるので、未だに一部広告主からの根強い支持があります。

クリエイティブのフォーマットはバナー広告が中心ですが、ページ全体を

ジャックするものや、ページ内の他のデザイン要素と連動させたバナー表現
など、独自の発展を遂げています。

■動画広告

　インターネット回線やモバイル通信の高速化、Wi-Fi の普及に伴って、イ
ンターネットで動画を閲覧することが当たり前になってきました。消費者が
広告に向けるアテンションは通常ごく低いのが現実なので、なるべく直感的
にかつエンターテイニングな方法でメッセージを伝えることができる動画と
いうフォーマットが積極的に活用できることになったのは、広告主にとって
も大きな追い風です。検索エンジン広告（テキスト広告）からバナー広告へ
と移り変わっていったインターネット広告の主役の座は、今や動画広告が奪
いとりつつあります。テレビ CM など別の用途で作った動画を単にインタ
ーネット用に流用するのみならず、はじめからインターネットで配信する目
的で動画を作成する広告主も増え、さらにはスマホで見ることを想定した縦
長の画角の動画なども活用され始めています。

　動画広告の代表格は、YouTube が提供する広告の総称である **TrueView** で
す。YouTube はグーグルが提供するサービスなので、TrueView ではグー
グルのアドネットワークである GDN で利用できる非常に詳細なターゲティ
ング機能が原則そのまま活用できます。SNS 広告におけるフェイスブッ
クとインスタグラムの関係と全く同じですが、すでに開発済みの高度なター
ゲティング技術を新興メディアにも適用することで、重複が少ない新興
メディアのユーザー基盤を効率的にマネタイズするのが、グーグルによる
YouTube 買収の狙いでした。その狙い通り、動画広告のパフォーマンスに
おいて TrueView は頭一つ抜けている印象なので、動画広告を使ったキャ
ンペーンの設計に欠かすことはできません。

　TrueView の動画広告は、本編動画の再生中あるいは再生前に動画広告が
挿入される「インストリーム」、動画「検索」の検索結果画面にサムネイル
とタイトルが挿入される「インサーチ」、関連動画の一覧に同じくサムネイ

ルとタイトルが挿入される「インディスプレイ」に大別されます。ここでは、もっとも利用されている「インストリーム」を深掘りしていきましょう。インストリームはさらに、プリロールと呼ばれる本編動画の視聴前に挿入されるものと、本編動画の途中に挿入されるものの2種類に分けられます。それぞれについて、強制視聴である「ノンスキッパブル」と、5秒後からスキップが可能になる「スキッパブル」の設定が可能です。TrueView の課金方式は CPV で、30秒視聴するかリンクをクリックなど動画が呼びかけるアクションをした場合にしか課金されないので、イントゥルーシブでオーディエンスに嫌われることが多い強制視聴は、ブランドイメージの悪化を避け近年広告主も出稿を控える傾向にあります。スキッパブルの場合の、スキップ可能になるまでの5秒という時間ですが、はじめは嫌っていた利用者が最近ではある種の「耐性」を身につけてきています。耐性のある5秒の間であればアテンションを向けてくれる、という仮説に立って、あえて5秒以内で終わる動画を作成し効果を上げる広告主が増えています。TrueView の商品としても6秒で終わるバンパーというフォーマットが登場しており、高いパフォーマンスから急速に広告主に浸透しています。

　動画広告でしっかりとメッセージを伝えていくのであれば、やはり YouTube をはじめとした動画系プラットフォームが有利です。音声オンの状態を想定できるということのほか、オーディエンス側が「動画モード」になっている状態なので、動画というフォーマットをフルに活用することができるのです。一方で、動画系プラットフォームは**リーン・イン**型のメディアであるため、見たいと思っているコンテンツの閲覧を広告に邪魔される、というストレスがより一層強いのも事実です。「YouTube 広告」と検索すると「消す方法」「うざい」などというワードがサジェストされますが、動画広告はそのように基本的には嫌われ者であるということを理解しておく必要があります。逆に**リーン・バック**型のフェイスブックなどのメディアに動画広告を出稿する際は、8割が音声オフなことに加え、アテンションをとる難易度が高い分、「これが見たい」という目的のコンテンツがはじめからあるわけではないので、一度興味を引くことができれば、オーディエンスは抵抗なく

コンテンツに入ってきてくれます。デジタルで動画広告を中心にキャンペーンを組み立てていく際は、このあたりを踏まえたプラットフォームごとのクリエイティブの最適化ができれば理想的です。またフェイスブック同様、TrueView も、パフォーマンスが高いからといってあまりに依存しすぎるとフリークエンシー過多に陥ってしまいます。他の動画系プラットフォームや、上記 SNS 広告の動画フォーマットなどを合わせて活用することで一極集中を回避しましょう。

■記事広告

　記事広告・**アドバトリアル**とは、自社商品やキャンペーンなどを取材した上でニュースサイトなどに広告表記付きの記事を書いてもらい、それをオーガニックコンテンツと同じフォーマットで公開してもらうプロモーション手法です。「広告」「PR」という表記はついていますが、見た目はその他のオーガニックコンテンツと同じなので、オーディエンスは通常の記事を読む感覚で広告記事を読むことになります。ニュースサイトの中には、サイズもジャンルも様々なニュースサイトから記事を集めてきて、それをカテゴリー分けして表示するニュースアグリゲーションサービスと、原稿を自ら作成しそれを自分のサイトに公開すると同時に、ニュースアグリゲーションサービスに提供する CP（コンテンツプロバイダー）の 2 種類があります。ニュースアグリゲーションサービスは、編集者が手動で記事をピックアップするものと、プログラムや人工知能が自動的に記事をピックアップするものの 2 種類にさらに細分化されます。記事広告の作成をお願いするのは CP になりますが、CP が作成した記事は上記の仕組みで大手ニュースサイトを含むニュースアグリゲーションサービスにも提供されるので、CP 自体での露出＋αの露出が期待できます。しかし、その＋αの露出は通常コントロールすることも予測することもできません。

　記事広告は通常の広告よりソーシャルメディアでシェアされる傾向があります。ニュース記事の体裁なので、あからさまな広告で友達のタイムラインを「汚す」という心配が少なく、シェアする心理的なハードルが低いという

のが1つの理由でしょう。また、プロの記者が書いている記事なので、それだけエンターテイメント性やジャーナリズム性が高く、コンテンツを「面白い」「シェアする価値がある」と思ってもらえる可能性が高い、という理由もあるでしょう。記事広告をお願いするCPには、ニュース系のサイト、バズ系（おもしろニュース系）のサイト、自動車雑誌など専門誌系のサイトの3種類があります。同じ記事広告でも、専門誌系はすでに商品を認知し深く検討している人への**テスティモニアル**（品質の証明）として活用できますし、バズ系のサイトならコンテンツの拡散・認知の拡大に利用できます。ニュース系は、全国紙のような一般的なニュースサイトから、「ガジェット系」「経済系」など独自の色がついたニュースサイトまで様々です。媒体をうまく選定することで、記事を拡散すると同時に、「先進的」「知的」「信頼が置ける」など一定のイメージを勝ち得ていくことも期待できます。

テスティモニアルはタイアップ先が専門サイトなので、リーチできるオーディエンスは例えば自動車サイトであれば熱心な自動車ファンなどに限定されます。これを補う手段として、「インフィード広告」などと呼ばれるまた別の形式の記事広告を活用することができます。これは正確には記事広告ではなく、記事のように見えるバナー広告です。ヤフーニュースなどのニュースアグリゲーションサービスの記事一覧に、興味関心などでターゲティングしたオーディエンスに対して、「他の記事と同じ体裁のサムネイルとタイトル」というフォーマットで広告を掲載することができます。そのリンク先を前述の本当の意味での記事広告・アドバトリアルにすることで、オーディエンスの文脈に沿ったコミュニケーションが実現する上に、記事広告のリーチの不足を記事の自然な体裁を保ったまま（もちろんPR表記はつきますが）補うことができます。テスティモニアルを「プル」のみならず「プッシュ」で展開していきたい場合に活用します。

■検索エンジン広告

検索エンジン広告は、**SEO**（サーチ・エンジン・オプティマイゼーション）と合わせて、それだけで本が一冊書けてしまうような広い裾野を持っています。いわゆる運用型広告と予約型の純広告とを分ける分水嶺となり、その後

のアドテクノロジーの基礎を形作ると同時に、業界の構造を規定してきたのもこの検索エンジン広告です。検索エンジン広告からスタートしたグーグルが、やがてインターネット広告の覇者となったこともそれを証明しています。最盛期にはサーチエンジンマーケティングに特化したメディアやカンファレンスが賑わいを見せ、SEO に関するブログで有名なグーグルのエンジニアであるマット・カッツ氏が会場に現れると途端に握手を求める人だかりができる、といったような独自の文化を形成していました。当時はインターネット広告≒検索エンジンマーケティングだったので、逆に検索エンジンマーケティングに特化したもの以外には、デジタルマーケティングに関するメディアやカンファレンスはほとんどないような状況でした。

　今日、検索エンジン広告の占める重要性は以前ほど高くはないですが、上記のような歴史もあってプレイヤーも多く、深く掘り下げようと思えばそれこそ本が一冊書けてしまいますが、紙幅の関係からここでは広告主視点でいかにそれを管理するか、に絞って考察していきましょう。検索エンジン広告管理の切り口は、大きくキャンペーンの視点とオールウェイズオンの視点とに分けられます。

キャンペーンの視点

　検索クエリにはトランザクショナル（購入目的）、インフォメーショナル（情報収集目的）、ナビゲーショナル（サイト来訪目的）の３つの種類がありますが、キャンペーン視点の検索エンジン広告管理で注目すべきは、３つ目のナビゲーショナルクエリです。例えば、普段使っている天気予報サイトを訪問する際、そのサイトをブックマークしている人は少なく、大半の人が検索エンジンでサイト名を検索し、**SERP**（サーチ・エンジン・リザルト・ページ：サープ）経由で来訪するでしょう。このときの「サイト名での検索」がナビゲーショナルクエリの典型です。キャンペーンのカスタマージャーニーを設計していく際は、このナビゲーショナルクエリの使われ方を上手くデザインすることで、直接のリンクに頼らない導線設計が可能になります。例えば動画に特定のワードを検索してもらうような CTA を設定しておき、検索エンジン広告で待ち構えておいてオーディエンスをキャンペーンページに誘導す

るなどという手段を講じることが可能です。また、キャンペーンページの立ち上げは通常キャンペーン開始のギリギリまでずれ込むことが多く、そうなるとキャンペーン開始時に検索エンジンにインデックスされていなかったり、されていても順位が低く見込み客がナビゲーショナルクエリを投げても検索エンジン上でうまく見つけられなかったりするので、検索エンジン広告を活用してそれを補います。もちろん同時に、自然検索でもキャンペーンページが確実にインデックスされるように、「**サーチ・コンソール**」にサイトマップを登録する（指示・確認する）ことを忘れずに。サーチ・コンソールは、自社のサイトが検索エンジン（グーグル）からどのように認識されているか、をチェックするSEOツールで、グーグル社により提供されています。SEOは、一時興隆を見せましたが現在は下火になっています。検索エンジン側の技術が向上し企業やエージェンシーがそれを「ハック（攻略）する」ことができなくなったのと、SNSの興隆やモバイルアプリの一般化を受けトラフィックソースとしての検索エンジンの重要性が相対的に下がったことが要因と考えられます。しかし、検索エンジンが読み込みやすいサイトを構築し、それを検索エンジンに伝える、という最低限の対策は依然として確実に実行されるべきです。サーチ・コンソールはそのためのツールなので、アカウントを開き活用するようにエージェンシーに確実に指示を出しましょう。

　SEOについて一点補足すると、日本ではグーグルとヤフーが検索エンジン市場をほぼ寡占していますが、この両者の検索エンジンは実は同じです。それゆえ対策はグーグルのみで問題ありません。ヤフーの検索エンジンは、バックエンドのシステムとしてはグーグルを採用しており、両者の違いはフロントエンド、つまりSERPのデザインに限定されます。ヤフーは、ニュースやオークションなどのコマース系のサービスを持っているので、例えばヤフオク！の検索結果がモジュール（一まとまりの部品）として挿入されていたりする、というのが具体的な違いです。これには歴史があります。もともとヤフージャパンはアメリカのヤフーインクと同様「インデックス型（手動作成型）」のサーチエンジンとしてスタートしました。現在主流の自動作成型（クローラー式）としては、当時まだ小さなベンチャー企業だったグーグルの技術のライセンスを受けていました。その後グーグルが急成長し、ラ

イバル関係になったことを受け、ヤフーインク並びにヤフージャパンはグーグルとの提携を解消し、YST（ヤフー・サーチ・テクノロジー）という独自の自動作成型検索エンジンを開発・運営することになりました。2004年のことです。その後さらに時代が進み2009年になると、アメリカではグーグルのシェアがヤフーを圧倒してしまい、ヤフーインクは独自の検索エンジンYSTの開発を断念し、マイクロソフトの検索エンジンBingのライセンスを受けることを決定します。それを受け、ヤフージャパンは独自にグーグルと交渉して、最終的に元の鞘に収まる形でバックエンドをグーグルに切り替えたのです。

オールウェイズオンの視点

　ここでは、ナビゲーショナルクエリ、インフォメーショナルクエリ、トランザクショナルクエリについてそれぞれ方針を策定し、それを前提方針としてエージェンシーに伝えます。エージェンシーからは、しかるのちに、購入するクエリの一覧、それらのグルーピング、グループごとのTDを提案してもらいます。

　はじめに、ナビゲーショナルクエリについてです。ブランド名や商品名などのナビゲーショナルクエリに関しては、原則として自然検索で上位に来ていればわざわざ検索エンジン広告を購入する必要はありません。例外的に購入する必要があるのは以下3つのケースです。まずは、競合や小売店などが自社のナビゲーショナルクエリを購入して広告を展開しており、防御策として購入しないとそちらにトラフィックが流れてしまう懸念がある場合です。次に、自然検索の検索結果に表示されるタイトルやスニペットが不適切で分かりにくく、検索エンジン広告で上書きする必要がある場合です。最後に、例えば人材紹介業などで登録希望者向けと企業向けに全く別のウェブサイトを持っており、消費者と企業の採用担当者をそれぞれ別のウェブサイトに誘導する必要がある場合など、同一ブランド名で目的が違う複数のサイトを展開していて交通整理が必要な場合です。これらの条件を整理してエージェンシーに伝え、購入するべきナビゲーショナルクエリについての具体的な

提案を受けましょう。

　インフォメーショナルクエリについて、論点はビッグワードを購入するか
どうかです。例えば、自動車メーカーであれば、「SUV」「ミニバン」「コン
パクトミニバン」などのカテゴリー名がビッグワードに相当します。通常こ
れらのワードで検索するユーザーは、商品比較サイトなどをSERPに期待し
ているので、一企業が独善的に自社商品・サービスだけを喧伝する広告には
耳を傾けてくれません。「SUVをお探しなら○○の△△」などという広告を
展開しても、押し付けがましくなってしまい大抵パフォーマンスは優れませ
ん。ただ、カテゴリーによってはそもそも競合商品・サービスが少なく、比
較サイトなども存在しないこともあり、そういったケースではSERP上に1
つの候補として自社商品・サービスを提案することが消費者にとっても有益
である可能性があります。また、オウンドメディアなどで「自動車保険の選
び方」などカテゴリーに関してのニュートラルな情報提供コンテンツを展開
している場合は、当該コンテンツのトラフィックソースとして検索エンジン
広告を活用するのが有効です。以上の点を踏まえ、それでもあえてビッグワー
ドを購入するのか、ビッグワードの受け皿となるオウンドメディア上のコ
ンテンツはないか、というポイントを整理してエージェンシーに伝えましょ
う。

　最後にトランザクショナルクエリについてですが、ここでは営業部門など
販路を管理するセクションとの調整が必要となります。販路がECのみであ
ればECサイトへの誘導、実店舗のみであれば店舗検索ページへの誘導、両
方であればその交通整理をするのが基本ですが、それをさらにダイレクトチ
ャネル・インダイレクトチャネルでどう割り振るのかは広告主が一義的に決
める必要があります。同じ商品について、同じSERP上で、メーカーはダイ
レクトチャネルで買ってくれと言い、小売店はインダイレクトチャネルで買
ってくれと言っているなどという状況は消費者を混乱させます。また、メー
カーと小売店がいずれも同じインダイレクトチャネルで買ってくれ、と言っ
ているような場合は単純に広告費の無駄遣いです。そのようなことが起きな

いよう、事前に社内で交通整理をした上で結果をエージェンシーに伝えましょう。

4.5.2 デジタル広告の分類に共通認識を持つ

メディアプランニングに先立ち、社内でアラインメントをとり、方針を策定しておくべきことが2つあります。

- デジタル広告の分類に共通認識を持つ
- ブランドセーフティーについて共通認識を持つ

これらは社内での調整事項であり、キャンペーンの都度変更するべきものではないので、一度整理したら社内の体制や担当者が変わらない限りは、再度それを議論する必要はありません。議論の結果は、ブリーフィングの都度ではなく中長期の方針としてメディアエージェンシーに伝えます。

まず「デジタル広告の分類に共通認識を持つ」について解説していきます。

噛み合わない議論の原因は"分類軸"

デジタル広告を分類する切り口はいくつもあります。CPM、CPC、CPAなどの課金形態で分類する切り口。動画広告、バナー広告、テキスト広告、記事広告などクリエイティブのフォーマットで分類する切り口。いわゆる「手売り」の予約型と、システムで買い付けを行うプログラマティック。デイリー単位の細かい運用が可能な運用型とそれ以外。インプレッションごとにリアルタイムでオークションを行う RTB を伴うかそうでないか。ターゲティングのメソッドによる分類はとても細かく、人ベースのターゲティング（ビヘイビラル・ターゲティング）、掲載面でのターゲティングに大きく分かれたのち、前者がさらにリターゲティング、検索履歴ターゲティング、などと、ほぼ際限なく細分化されていきます。

これらを全て掛け合わせた分類は、人間の頭では到底整理不可能です。そ

して問題なのは、社内やエージェンシーとの間でデジタル広告の議論をするとき、それぞれが別の分類軸を頭に入れていることから、議論が噛み合わないケースがままあることです。例えば、今回のキャンペーンは主に運用型広告を使っていきます、といったとき、狭く検索エンジン広告だけをイメージする人と、アドネットワークやDSPを含めて広くイメージする人がいる、といった具合です。その都度意識のすり合わせをしたとしても、それをエージェンシーにフィードバックする際に担当者の認識がさらに微妙にずれていて、新な誤解が生じたりします。このようなことを防ぐために、デジタル広告の分類については、社内及びエージェンシーとの間で一度認識のすり合わせを行いましょう。

「実務」発想のメディア分類

		効率重視		バランス型		ブランドセーフティー重視
単価		低 ←――――――――――――――――――――――――――――→ 高				
表示のコントロール		低 ←――――――――――――――――――――――――――――→ 高				
バナー広告	人によるターゲティング（B工）	DSP / Ad network	SNS	3PAS	DSP / SNS / Ad network	SNS
	面によるターゲティング（C工）	DSP / Ad network / アフィリエイト / ※予約型 ※単価が安い場合のみ採用		3PAS	DSP / 予約型メディア / Ad network	予約型メディア
動画広告	人	動画投稿サイト	SNS	3PAS	動画投稿 / SNS	SNS
	面	動画投稿サイト	予約型		予約型	予約型
アドバトリアル	記事広告	バズ系アドバトリアル / ニュース系アドバトリアル / 専門誌系アドバトリアル				
テキスト		SEA　　メルマガ				

こちらの図の縦軸（表側）は、本書が考える、もっともデジタルマーケターの実務に適したメディアの分類軸です。この分類では、先に列挙した分類軸から、「クリエイティブのフォーマットによる分類」と「ターゲティング

のメソッドによる分類」のうちの最上位のレイヤー、「人によるターゲティング（BT）」か「掲載面によるターゲティング（CT）」か、という合計2軸を使用しています。人間が無理なく処理できる情報はせいぜい2軸までなので、他のものは思い切って削ってしまい、シンプルに最重要の2軸に絞って分類していきます。

クリエイティブフォーマットによる分類

　メディアに展開するクリエイティブのフォーマットは、広告する対象のコンテンツに規定されます。店頭キャンペーンを告知するのであればバナー広告からランディングページに誘導、ヒーロー動画を広告するのであれば動画広告、などといった具合です。その意味では、キャンペーン全体のプランが固まった時点で、展開する広告のクリエイティブフォーマットはほぼフィックスしているケースが多いでしょう。また、大企業やグローバル企業では、広告クリエイティブのアセット（素材）があらかじめ作成されており、それが本社やクリエイティブを統括する部門などから支給されるというケースも多いでしょう。こういった事情から、動画広告は実施する、バナー広告は実施する、などとクリエイティブのフォーマットが半ば所与の条件となることが多いメディアプランニング業務の現実を鑑みて、クリエイティブフォーマットによる分類をメディアの第一の分類軸としています。

「人によるターゲティング」か「掲載面によるターゲティング」か

　第二の分類軸は「人によるターゲティング」か「掲載面によるターゲティング」かです。

　プログラムによる自動買い付けを行うかどうか（プログラマティックかどうか）だったり、細かい運用が必要・可能かどうか（運用系かどうか）、というのは、運用系やプログラマティックの在庫・表現形式がまだ限定されており、それらが主にリーチや表現力より効率を重視するダイレクトレスポンス系のマーケティングに使われていたときには、「ダイレクトレスポンス向けの広告」を示唆する意味のある分類軸でした。プログラマティックは欧米ではかねてから、日本でもようやくデジタル広告の主流を占めるようになり、

今やブランディングでもダイレクトレスポンスでデフォルトとして用いられるようになったため、この分類軸はもはやほとんど意味を失っています。

課金形態による分類もROIをシビアに追っていく必要のあるダイレクトレスポンスの世界では重宝されていますが、それらは一見費用対効果を左右するようで、実は例えばCPMでもCPCを管理上トラックしておき、一定以上になったら止める、などの運用ができるので、その手間をいとわなければ重視する理由にはなりません。

そうなると残るは「人によるターゲティング＝過去に注目」か「掲載面によるターゲティング＝今この瞬間に注目」かというターゲティング手法による分類になります。セグメントを細かく切ってメディアプランを設計していくのであれば過去のデータを含め行動をほぼ際限なく細分化できる「人によるターゲティング」が断然有利ですが、ブランドセーフティーを重視するのであれば「掲載面によるターゲティング」に分があります。

軸の選択基準が理解できたら、関係者に周知してコンセンサスをとり付け、以後この2軸でメディアを分類するようにします。例えばメディアエージェンシーから新しい商品を提案され、社内で採否を検討する際、「動画で人ベース」などと分類して関係者の頭のしかるべき場所におさめてから、そのカテゴリーに属する他の商品との比較を議論するようにしていきます。

4.5.3 ブランドセーフティーについて共通認識を持つ

イギリス政府をはじめとした団体や大手企業がYouTubeとグーグルの広告をボイコットし、世界中の広告主の注目をブランドセーフティーに集めるきっかけとなったのは、同プラットフォームがテロやヘイトスピーチを賞賛するような悪質なビデオにも広告を流しているという広告掲載面の管理の問題でした。しかし、デジタル広告におけるブランド毀損のリスクは、掲載面の管理だけでは解決できません。同じ面に何個も自社の広告が出る、毎日のように同じ広告がリターゲティングで表示される、などというフリークエンシー管理の問題も、対応を誤れば広告をスパム化させてしまいブランド毀損

のリスクに直結します。ここでは、その2つの問題を管理するためにとり得るメディア戦略のオプションを整理し、社内のコンセンサスをとり付けるプロセスを議論します。まずはじめに、「効率重視」「ブランドセーフティー重視」「バランス型」の3つのメディア戦略オプションを紐といていきます。

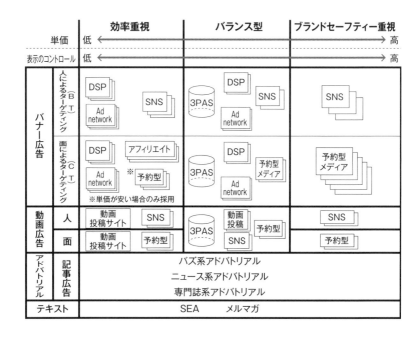

効率重視

　ブランドイメージの悪化をあまり気にせず、コンバージョン獲得などのKPI最大化をミッションとする方針です。ブランドイメージの悪化を気にしない、というと聞こえは悪いですが、ブランドセーフティーを気にしなかったことによるブランドイメージの悪化は、実際には捕捉・計測することができません。それゆえ、ブランドセーフティーはどうしても感覚的に管理していかざるをえないのが現実です。また、ブランドイメージ悪化のリスクは他のチャネルにも存在し、何もデジタル広告だけに留まるものでもありません。そこは割り切って、数字で可視化できる効果の最大化に徹する、というのは、

ブランドによっては現実的かつ合理的な判断とも言えます。

効率重視のオプションでは、4.5.1「なぜ広告主にメディアの知識が必要か？」で紹介した全ての種類の広告を、獲得単価（CPA）や、利益が算出できる場合は ROI/**ROAS**（リターン・オン・アド・スペント）という1つのものさしで評価していきます。コンバージョン獲得を直接の目的としない広告の場合は、認知などのブランディング上の指標やそれを推測できる VTS などの中間指標を KPI として設定し、それをもっとも効率的に達成できるメディアの組み合わせを選択します。フリークエンシーの管理もこれらの指標をもとに行います。つまり選択した指標においてもっとも「効率の良い」フリークエンシーを、A/B テストを繰り返し検証していきます。例えば、リターゲティングは 10 回、それ以外は 15 回で回したとき、全体の ROI がもっとも高くなる、などというデータに基づきフリークエンシーを管理していきます。ブランドにふさわしくない掲載面に広告が掲載されイメージが悪化していないか、かなりの頻度（フリークエンシー）で広告が露出され「鬱陶しい」と思われていないか、ということには目をつぶり、あくまで数字に現れる効率性だけを追求します。実際には、不適切な掲載面に広告が掲載されたり、過度の露出になってしまっている場合は、短期の売上にも悪影響があります。それゆえフリークエンシーに関しては、すぐに売上に悪影響が出るような行き過ぎた設定は、このオプションでも防ぐことができます。

ブランドセーフティー重視

不適切な掲載面や過度のフリークエンシーがもたらすブランドに対するダメージは結局正確には定量化できませんが、それを悲観的に捉えるなら、「石橋を叩いて渡る」式に可能な限りでリスクを最小化します。行動ターゲティングでもコンテンツターゲティングでも、掲載面が確実に把握できる SNS 広告と予約型メディアをプランニングの中心に据えます。YouTube などの動画プラットフォームや一部のアドネットワーク・（中見）DSP には、掲載面を URL 単位で指定できる「プレイスメント」や、限られた「優良かつ安全」なインベストリーだけに広告を表示できるメニューがあるので、そういったものは「ブランドセーフティー重視」のオプションでも活用することができ

ます。フリークエンシーに関しては、「一定期間に何回同じブランドの広告に接触すると鬱陶しいと感じるか」などという調査を行い、あるいはそのような予算がなければ消費者としての感覚値でそれを設定して、それぞれのメディアの利用者の重複を意識しつつ管理を行います。

バランス型

　効率重視とブランドセーフティー重視の間のバランスをとったのが「バランス型」です。幅広いメディアを活用していきますが、原則全て3PASを経由させ、トータルでどれくらいのフリークエンシーが発生しているのかを厳格に管理します。かつ、「ベリフィケーション機能」を使って、悪質なサイトはブラックリスト化し排除していきます。ただ実際には、予約型メディアの大半は3PAS配信に対応していないので、また、例えばA社が提供するアドネットワークはライバルのB社が提供する3PASには対応していなかったりするので、これらに関しては利用している3PASに対応しているメディアのみを選ぶか、フリークエンシーの一元管理を諦めて一部のメディアを切り離して運用するかを選択する必要があります。後者の場合、各メディアの利用者の重複を考慮してメディアをまたいだフリークエンシーの実績値を推定しながら、3PAS内外のメディアのフリークエンシーをそれぞれ別々に管理していく必要があります。同一のサイトが複数のアドネットワークに枠を解放している場合などは、いくら3PASを使って表示をコントロールしていても、同一面に複数同じ広告が表示されてしまうリスクは残ります。また、ブラックリストの管理は常に完璧には行えません。その上でリスクを可能な限りコントロールしながらも受容し、効率とのバランスを取っていくのが「バランス型」です。

　オプションはこの3つしかありえない、ということはなく、特にバランス型はより「効率重視」に寄せたもの、より「ブランドセーフティー重視」に寄せたもの、それぞれに無数のバリエーションが作れるでしょう。この分類をスタート地点としつつ、どこまで厳密にブランドセーフティーを管理していくか、社内でコンセンサスを作った上でそれをエージェンシーに伝えま

しょう。

4.5.4 ビークル選定・運用方針

態度（アティテュード）を行動（ビヘイビア）に置き換える

このチャプターで整理してきたような大方針があらかじめ共有されていれば、カスタマージャーニーをベースにブリーフィングを実施した時点で、メディアエージェンシーは提案の検討範囲を相当絞ることができます。メディアエージェンシーは、その検討範囲の中で、ビークルやメニュー（「グーグル・ディスプレイ・ネットワークのリマーケティング広告」など）を具体的に提案してくれることになります。カスタマージャーニー上ではすでにターゲット（例．年収1,000万以上の知的職業従事者）と、購入ファネル上での現在地（例．商品○○をショートリストに入れている人）まで設定されていますが、ビークル・メニューを選定する際に必要な情報は、もう一段階粒度の細かい情報になります。「商品○○をショートリストに入れている人」というのは態度（アティテュード）であり、「行動（ビヘイビア）」ではありません。態度変容は消費者の頭の中で起きていることで、いくらデジタルマーケティングとはいえそこまでを特定して個人をターゲティングすることはできません。態度（アティテュード）を「行動（ビヘイビア）」に置き換えることで、様々なターゲティング技術を駆使してそれをメディア・メニューとして表現することが可能になります。それを実際にどのように進めていくか、以降のページで具体例を用いて説明していきます。なお、これから見ていくのは作業レベルではエージェンシーのメディアプランナーの仕事ですが、実施してほしい作業のイメージを明確に伝えディレクションするために、広告主側でもプロセスの詳細を理解しておきましょう。

ターゲットを「行動」視点でさらに細分化

まずは、再びカスタマージャーニーに登場してもらいます。

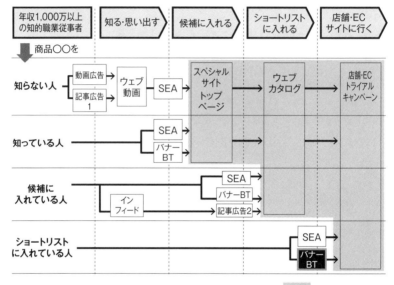

これ以降、右下の黒でハイライトされているバナー広告の具体的なメディアプランを、ファネルの考え方を使ったフレームワークを用いて策定していきます。

"ショートリストに入れている人"のブレイクダウン:バナー広告

	定義	ターゲティング	メニュー	
Tier4	Tier1〜3と類似のサイト閲覧行動	ールックアライク	ーアドネットワーク1 ルックアライク	
Tier3	商品ページの閲覧	ーリターゲティング	ーアドネットワーク1 リターゲティング ーアドネットワーク2 リターゲティング	4回
Tier2	商品ページの閲覧+価値シミュレーション	ーリターゲティング	ーアドネットワーク1 リターゲティング ーアドネットワーク2 リターゲティング	4回
Tier1	現行モデルのユーザー	ーDMP ーCRMデータベースのデータフィード	ーSNS1カスタムオーディエンス ーアドネットワーク1カスタムオーディエンス	フリークエンシー 4回

予算

　このフレームワークでは、カスタマージャーニー上設定されたターゲットのブレイクダウン、例えば「年収1,000万以上の知的職業従事者で、『商品○○をショートリストに入れている人』」を、具体的な行動の視点でさらに細分化し、購入までの近さ順に並べて3〜5段階にティア(段階)分けします。このように細分化する理由は大きく3つあります。

　1つは限られた予算をより効率的に活用するため、確度の高い見込み客から優先的にフォローしていけるよう、予算の配分をコントロールするためです。ティア1、ティア2、と順次ターゲティングの粒度を粗くして対象を広げていき、粒度の細かいティアから優先的に予算を配分していって、ティアごとに規定のフリークエンシーに達したら一段粒度の粗いティアに予算を解放します。こうすることで、予算消化の効率化を図ります。

　もう1つの理由は、細かい運用の最適化です。一般的には、ファネルの下流のオーディエンスの方が購入に近いため、下流のティアの方がパフォーマンスが高いと考えられます。しかし、それはあくまで仮説であり、実際に広告を回してみるとCPCの安さが幸いして、CPA換算のパフォーマンスに

おいて上位のティアが下位のティアを逆転することもありえます。その際、パフォーマンスの悪いティアから予算を引き上げ、その分をパフォーマンスの良いティアに追加投入することで、全体のパフォーマンスを改善することができます。

そして最後の理由は、網羅性を担保することです。例えば「商品○○をショートリストに入れている」という態度に関連する行動には、いろいろなバリエーションがあります。ただ闇雲に候補を洗いだすのではなく、1つの軸に沿って順番に候補を洗い出すことで、より網羅性を担保することができ配信対象とするべきオーディエンスの抜け漏れを防ぎやすくなります。

具体的なメディアプランの策定

この例ではティア1、つまりもっともコンバージョンに近いクラスターを、「現行モデルのユーザー」としています。携帯電話など、製品のライフサイクル上、遅かれ早かれ多くの現行モデルユーザーが新モデルに買い換える商材を想定しています。このグループのターゲティングは、CRMデータベース上の現行ユーザーのデータを、広告プラットフォームに提供することで実現します（4.5.1「なぜ広告主にメディアの知識が必要か？」参照）。具体的なメニュー・ビークルですが、「1」というSNSと「1」というアドネットワークのカスタムオーディエンス機能を使用します。

次にティア2です。当該商品のアイテム詳細ページを閲覧し、かつウェブサイト上で「価格のシミュレーション」までしたユーザーをこのグループに分類しています。重複を避けるため、上位（下段）のティアのオーディエンスは全てここから除外設定をしておきます。現行モデルユーザーほどではないですが、かなり検討段階が進んだオーディエンスと言えます。商品ページと価格シミュレーションページにそれぞれ埋め込んだアドネットワークのタグでリターゲティングを展開していきます。

ティア3は「商品ページを閲覧」だけした人を、同じく商品ページに埋め込んだタグでリターゲティングします。ティア4は**ルックアライク**というターゲティング方法（4.5.1「なぜ広告主にメディアの知識が必要か？」参照）で、ティア1〜3のオーディエンスと類似のウェブサイト閲覧パタ

ーンを持つ人をターゲティングします。

"候補に入れている人"のブレイクダウン:バナー広告

	定義	ターゲティング	メディア・メニュー	
Tier4	Tier1〜3 と類似のサイト閲覧行動	ールックアライク	ーDSP 1 ルックアライク	
Tier3	商品名での検索	ー検索履歴ターゲティング ー検索ターゲティング	ーアドネットワーク 1 検索履歴ターゲティング ー検索広告	2 回
Tier2	専門サイトタイアップ記事の閲覧	ーリターゲティング	ーアドネットワーク 1 リターゲティング	2 回
Tier1	商品ページの閲覧	ーリターゲティング	ーDSP1 リターゲティング ーDSP2 リターゲティング	フリークエンシー 2 回

予算

　カスタマージャーニーに出てくる別のターゲット、「商品○○を候補に入れている人」を対象とした別のバナー広告向けにも例となるメディアプランを設計していますので、こちらも目を通してもらえると一段と理解が深まるでしょう。

　メディアエージェンシーには、このような作業を、カスタマージャーニーに登場する全ての広告タッチポイントで実施してもらいます。検索エンジン広告の場合は、「1. 商品名＋購入で検索」「2. 商品名のみで検索」「3. キャンペーンタグラインで検索」などキーワードの濃淡が「定義」における行動のバリエーションになります。サーチ広告上のリターゲティングも可能なので、それもティア設計に活用しましょう。SEA の場合キーワードの分類そのものがターゲティングなので、「ターゲティング」欄は空欄で結構です。「メディア・メニュー」欄も SEA そのものがビークルなので空欄とします。

ブランドセーフティー重視で、予約型メディアや記事広告などプレイスメントをメインで使っていく場合は、メディアの特性で「定義」における行動を表現していきます。例えば、比較サイトを閲覧しているユーザーをティア1、商品レビューサイトを閲覧しているユーザーをティア2、より一般的なカテゴリーに関する情報サイトを閲覧しているユーザーをティア3とする、などといった形です。「ターゲティング」欄は＝「メディア・メニュー」の名称となります。

　4.3「キャンペーンのKPI設定・予算配分」で作成した以下の図の、ハイライトしている部分に入るKPIの実数は、この作業を経て算出されます。それぞれのティアは実際の広告メニューに対応しているので、媒体の提供するシミュレーションツールや過去の事例から、確度の高い試算が実現できます。「チャレンジングかつアチーバブルな目標」の、アチーバブルであることは、このフレームワークを活用すれば自動的に担保できるのです。

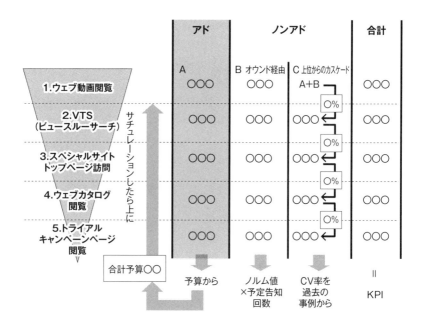

規定演技のワナ

このフレームワークの弱点は、既存のメディアの既存のメニューを前提に設計していくため、極めて実践的で試算の精度も高い反面、メディアプランニングがとかく規定演技になりがちなことです。デジタルマーケティングでは常に新しいメディアやメニューが登場し、そのうちのいくつかが近い将来のスタンダードになっていきます。先んじて手をつけて使い方に習熟しておくことで、先行者利益を享受することができますし、新しい広告のメニューローンチ当初はメディアからも一定のディスカウントや手厚いサポートが期待できます。規定演技のメディアプランニングはそのようなチャンスを潰してしまいます。

さらに加えて、制作サイド（企業）にとっての規定演技は、消費者にとっても規定演技です。いつも同じ広告だけでは、消費者も退屈して反応が鈍くなってしまいます。新しいメディアやメニューに積極的にとり組むブランドには、消費者は先進的でポジティブなイメージを抱くでしょう。

このようなメディアプランニングの規定演技化を避けるために、「全体予算の5%」など特別な枠を設定し、毎回強制的に新しいメディアを提案に組み込むようメディアエージェンシーに依頼するのも1つのアイデアです。その際は、KPIそのものや試算の精度は他のメディアと比べ大目に見ていきましょう。

シンプルなレポートを繰り返して改善する

デジタル広告は、予約型の広告以外は極端な話をすれば毎日でも変更が可能です。そういった細かい運用が可能な広告の「運用方針」は、キャンペーンに先立ち明確にしておきます。1. どの程度の頻度で2. どのような形式のレポートを受けとり、3. それを受けてどのような対応をするのか、を事前に整理しておきましょう。例えば、一週間に一回メールでレポートを提出してもらい、それを担当者が確認した上で対応を考案、内部でマネージャーの承認を経て実行に移す、などという手順を明確にしておきます。レポートは特定の広告タッチポイントだけに限定せず、4.3「キャンペーンのKPI設定・予算配分」で作成したコンバージョンファネル全体のレポートを作成・提出

してもらうのが理想です。ファネルにはオーガニック（自然検索）を含む
ランディングページの訪問数など広告以外の項目が含まれることもあります
が、ペイドメディアは現実的には唯一キャンペーン期間中に調整が可能な項
目なので（リソースが潤沢であればランディングページの UI 見直しなども
検討可能ですが）、レポートはメディアエージェンシーにオウンドを含めた
数値をとりまとめてもらい、カウンターアクションを彼、彼女たちらと協議
していくのが現実的です。

　その際、レポートフォーマットも合わせて明確に定義しましょう。頻度に
関しては一週間に一回が望ましいですが、それでもかなりの頻度になるので、
フォーマットは極力シンプルにします。エクセルで整理した細かいデータは
アペンディックスとし、トップラインのメッセージを「メール本文」に整理
してもらうと良いでしょう。その際、押さえておくべきポイントは以下の 3
つです。

1.　現状はいいのか、悪いのか（対 KPI の着地見込みなどを提示）
2.　いい（悪い）としたら、どこがうまくいっているポイント（ボトルネッ
　　ク）なのか
3.　上記を受けてのカウンターアクションの提案

　この 3 点に対する答えを数行でメール本文に整理してもらい、それを裏
付ける情報として細かいデータを添付してもらう、というイメージです。こ
のレベルまでシンプルにしておかないと、レポートの確認だけでかなりの時
間をとられてしまいますし、上司に報告・相談する際にも内容をブリーフィ
ングするのに時間を要します。

　カウンターアクションの選択肢としては、主に以下のものが挙げられます。
担当歴の浅いメディアエージェンシーがカウンターアクションの考案に苦慮
している場合は、広告主自らが過去の実例などをシェアしながら議論をリー
ドしましょう。

- ワークしているメニューとしていないものの間での予算調整
- 全体的な予算の追加、もしくは一部引き上げ
- ワークしているティアのメニューを追加、もしくはメディアを追加
- クリエイティブの追加、変更、削除

4.6

クリエイティブプランの作成

4.6.1 コンテクストの管理

コンテンツは王様。でもふんどしを握るのは「コンテクスト」

　カスタマージャーニーを作成することの1つの利点は、コンテンツの前後関係＝文脈を管理できることでした。しかし、そこで管理できるコンテクストは俯瞰した視点のもの、とても大局的なものです。海外旅行の旅程でいえば、「ミュンヘンまで羽田から飛行機で行って1日観光。そこから鉄道でプラハに行って3日観光。鉄道でウィーンに移動し1日観光。そのまま飛行機で日本に帰国」というようなレベルのものです。本当にいい体験・悪い体験となって旅行の満足度を左右するのは、それぞれの街で具体的に何をどういう順番で見るのか、というもっとずっと細かい文脈でしょう。ブリーフィング後のプレゼンを受け、晴れて企画がフィックスしたあとは、実際の制作作業に入っていきます。その際、最初にするべきことは、この粒度でのコンテクストをしっかり管理できる仕組みを整えることです。

　コンテンツマーケティングの重要性が叫ばれて久しいですが、コンテクスト管理の重要性は看過されています。こういう言い回しがあります。

　Contents is the king. Context is the queen and she wears the pants.
　コンテンツは王様。でも、コンテクストが女王様で、ふんどしを握っているのは彼女だ。

　コンテクスト管理とは、一言で言えば、その制作物が「誰に」「何をしてもらう」ことを目的にしているのかを明確にすることです。どんなに良いコンテンツでも、適切なコンテクストで提示されないとその真価を発揮できな

いばかりか、時に迷惑行為にすらなってしまいます。例えば、アウトレットモールで黒い革靴を探しているとします。すると、路面の特設コーナーの販売員に突然呼び止められ、こんなことを言われます。「このコケシ、飛騨高山のヒノキなんですが、今なら50%割引で7万円なんですよ」。

このような売り口上は実際にコケシを探しているコケシ愛好家には、非常に魅力的な割引条件と殺し文句なのかもしれませんが、適切な文脈を欠くとほとんど意味不明な戯言になってしまいます。これは極端な例のようですが、例えばファミリーカーとしてミニバンの購入を検討し始めたばかりの人に、コンパクトスポーツカーの期間限定割引を訴求するのも同じようなことです。語りかける対象が間違っているのと、仮に語りかける対象が合っていたとしても語りかけるタイミングが間違っているのです。

繰り返しになりますが、コンテクスト管理とは、その制作物が「誰に」「何をしてもらう」ことを目的にしているのかを明確にすることです。「誰に」には「そもそもその人がコケシやコンパクトスポーツカーを買う可能性があるのか」という視点と、「検討段階（コンバージョンファネル）のどこにいるか。割引などをオファーするべき段階にいるのか」という2つの視点があります。コケシの例もスポーツカーの例も、この2つの視点いずれにおいても配慮が足りていない点が共通していました。「誰に」「何をしてもらうのか」を明確にする、などというと当たり前な感じがしますが、これを無数の文脈があるデジタルの世界で徹底するには思いのほか落とし穴が多く、従来のクリエイティブチェックがそうであったように、マーケターのKKD（勘と経験と度胸）に頼るだけでは不十分です。

制作物のコンテクストチェック

次に紹介する「コンテクスト管理シート」では、制作に先立ち以下の5つの点を明確にし、上がってきた制作物を同じポイントを使ってチェックすることで、全ての制作物が適切なコンテクストに沿ったものであることを担保するためのフレームワークです。これは制作が決定した全ての制作物に対して、制作前に実施することが推奨されます。簡易的なPPMのようなもの

ですが、30分もかからずに実施でき効果は絶大です。

1. 何をしている：そのターゲットはどこからこのコンテンツに流入するか？
2. 誰に：コンバージョンファネルのどこにいるターゲットに向けたコンテンツか？
3. 何をしてもらう：ターゲットにどのような態度変容を期待するか？
4. CTA：その結果、ターゲットに具体的に何をしてもらうか？
5. KPI：CTAを数値化したKPIは何か？

まずはいくつか実例を見てもらうのが早いでしょう。再びカスタマージャーニーに登場してもらいます。

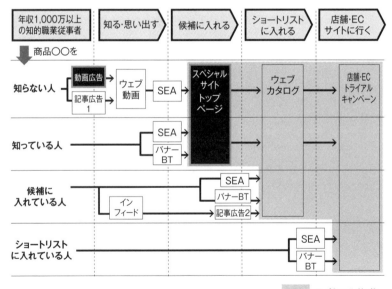

ここに登場する動画広告（SNS広告）と、スペシャルサイトのトップペ

ージで、コンテクスト管理シートを作成してみましょう。まずは動画広告です。

- 何をしている
  SNS をリーンバック（集中していない）な状態で閲覧している
- 誰に
  商品○○をまだ知らない年収 1,000 万以上の知的職業従事者に
- 何をしてもらう
  注意を引きつけ、「タイムライン」上で動画を最後まで見てもらう
- CTA
  動画の最後にあるタグライン、もしくは商品名での検索（後日）
- KPI
  VTS 2 週間で 10,000 件

　たったこれだけでも文脈を整理できれば、コンテンツの制作は格段に的が絞られてきます。例えば、このコミュニケーションの対象は、この商品を認知しておらず、かつリーンバックな状態で SNS を見ているので、映像の最初の数秒はとにかく無数のフィードの中から注意を引けるよういい意味での違和感があり先を期待させるものである必要があります。すでにたくさんのエンゲージメント（いいね！やコメント）がついていればその分期待を高めることができるので、いいね！やシェアはもちろんのこと、なるべくコメントしたくなるような要素を映像に折り込めるとベストです。隙間時間についつい見てしまう、世界中でシェアされているおもしろ動画のような導入部分を意識して、あえてホームビデオのようなタッチで日常的なロケーションから始める、などという工夫も考えられます。また、SNS 上での動画閲覧は 8 割がサウンドオフなので、タイムライン上での視聴を想定するなら「音なし」を前提としなくてはいけません。長さは 30 秒程度に収める必要がありそうです。途中で離脱されない演出上の工夫も必要です。最終的に商品名やタグライン・キャッチフレーズ、動画の中の特定のキーワードでの検索が CTA になるのであれば、その言葉をある程度繰り返し「テキストで」表示する必

要があります。たったこれだけの整理でも、些細なことから舞台設定、演出上の工夫まで、コンテクストを事前に整理しておかないと配慮を漏らしてしまうポイントがいくつもあることがわかると思います。

次に、スペシャルサイトのトップページです。

- 何をしている
  ウェブ動画で商品○○を認知して検索経由で来訪した
  リターゲティングを見て商品○○をリマインドされた
- 誰に
  商品○○を認知・想起した年収 1,000 万以上の知的職業従事者に
- 何をしてもらう
  興味を持ってもらい、検討リスト（5-10 商品）に入れてもらう
- CTA
  当ページに滞在、回遊してもらい、ウェブカタログページに移行してもらう
- KPI
  PV（ページビュー）/ **UU**（ユニークユーザー）・滞在時間・ウェブカタログページリンクのクリック数

まず、ウェブ動画を見て検索経由でこのページを訪れる人の中には、商品名を明確に覚えておらず、動画の中のキーワードだけでたどり着いた人もいるでしょう。それゆえ、ファーストビューには動画と関連づけたイメージや検索に使われるであろうキーワードを表示しておく必要がありそうです。消費者は特定の期待や予想を持ってウェブサイトを訪問しますが、その期待や予想が裏切られると「**直帰**」してしまう可能性が高くなります。また、興味を持ってもらい、検討リストに入れてもらうことがゴールなのであれば、何が興味のフックになるかを理解し、それを目立つ位置で訴求しなくてはなりません。ここは半分ストラテジープランニングの領域なので、ストラテジープランナーや調査担当にターゲットのインサイトを確認しましょう。CTAとしてウェブサイトの回遊をトラックするのであれば、関連ページや関連サ

イトへのリンクを散りばめておくことも検討します。

コンテンツへの配慮は組織知にする

　このような事前のすり合わせをしっかりとすることで、コンテクストに配慮したコンテンツ作りが可能になります。コンテンツチェックの段階で、このような配慮を職人芸的にできてしまう人もいるかもしれませんが、制作チームに毎回そのようなスキルを持った人がいるとは限りません。仮にそのような人がいたとしても、予想される配慮不足を事前に潰しておくことで、「直し」とそれに伴う手戻りを最小化することができ、必要なワークリソースの軽減を図ることができます。また、職人芸的な判断を繰り返すだけではいつまでも属人的なスキルに留まりますが、コンテクスト管理シートの使用をルール化することで、そうした配慮が組織全体のスキルになっていきます。

　作成した管理シートは、実際にコンテンツが上がってきた段階でのチェックにも使用します。クリエイティブディレクターや AE など、エージェンシーサイドの責任者にも、クライアントに提案する前に管理シートを使ったセルフチェックをするようにお願いしましょう。そうして何重にも細かいチェックを働かせることで、コンテクストに配慮の行き渡ったコンテンツが出来上がるのです。

4.6.2 クオリティーの管理

世界的なブランドは何が消費者に評価されているのか

　ブランディングコンサルファームの老舗、アメリカのインターブランド社が毎年発表する Best Global Brands。2017 年のランキングを見てみると、以下のような顔ぶれになっています。

1.　アップル
2.　グーグル
3.　マイクロソフト
4.　コカ・コーラ

5. アマゾン

6. サムソン

7. トヨタ

8. フェイスブック

9. メルセデスベンツ

10. IBM

　上位3位をIT企業が独占しているほか、そこに5位のアマゾンと8位の
フェイスブックを加えると、ベスト10の実に半数を、IT・インターネット
系の企業が占めていることになります。アップル、グーグル、マイクロソフト、
アマゾン、フェイスブック。それでは、これらの企業の「テレビCM」や「バ
ナー広告」を見たことがあるでしょうか。おそらくあるとは思います。しかし、
覚えているのは片手で数えられる程度ではないでしょうか。これらの会社は、
素晴らしいイノベーターであり財務的なパフォーマンスにおいても優良企業
ですが、コカ・コーラやトヨタのようにブランド戦略やマーケティング力に
おいて名だたる企業、というわけではありません。ブランド戦略やマーケ
ティング戦略が質量ともに優れているわけではないのだとしたら、これらの企
業を世界的なブランドたらしめている要因は一体何なのでしょうか。それは、
彼らの製品やサービス、ウェブサイトを使ったときの「ユーザーエクスペリ
エンス」でしょう。

　グロースハックという言葉を覚えているでしょうか。細かい検証やA/B
テストを毎日のように繰り返すことで、サービスや使い勝手を少しずつ、し
かし確実に継続的に改善していく、という考え方です。グーグルやアマゾン、
フェイスブックなどのインターネット企業は、このグロースハックのコンセ
プトに基づき、自社サービスの使い勝手を日々磨き上げています。検索ボッ
クスの位置を1ピクセル単位で調整したり、ページの表示を早くするため
バナーの画素数をギリギリまで削ったり、そのこだわりはオブセッション（取
りつかれたよう）とも言われます。

こういったとり組みは、EC サイトやインターネットサービス、モバイルゲームなど、インターネット特化型のビジネスにおいては日本でもすでに盛んです。細かい使い勝手の改善が、コンバージョンレートやひいては売上を、時に数億円単位で改善することもあるのですからそれも当然です。しかしそれ以外のビジネス分野においては、たとえ名だたるマーケティング企業であっても、本邦においてこの領域への関心はとても低いと言わざるを得ません。冒頭で紹介した Best Global Brands の順位を見れば、ダイレクトレスポンスやコンバージョンに対してのみならず、それがブランディングやブランドイメージにもたらすインパクトは一目瞭然です。また、例えば家電などは使い勝手が悪くてもすぐに買い換える、などとはなりませんが、ウェブサイトは簡単にスイッチが可能です。ウェブサイトが使いにくければ、せっかく来訪してくれた見込み客を競合他社のサイトにいとも簡単に奪われてしまうのです。本チャプターでは、それらのことを踏まえ、企業のデジタルコンテンツ、特にウェブサイトのクオリティーを管理し、ユーザーエクスペリエンスに磨きをかけるための手法について議論していきます。

デジタルコンテンツのクオリティー

マーケティングキャンペーンにおいて、ウェブサイトやアプリなど、自社のデジタルコンテンツを一切介さないコミュニケーション計画はもはやほとんどないでしょう。そうしたデジタルコンテンツの使い勝手や設計が、ユーザーエクスペリエンスを大きく規定し、ひいてはブランドを形作る大きなファクターになることはすでに説明した通りです。それでは、例えば直近で作ったキャンペーンサイトについて、皆さんの会社ではクオリティーについてどのように指示を出し、どのように確認・検収したでしょうか。1 つ前のチャプターで説明したコンテクストの管理は 1 つの方法論です。しかし、コンテクスト管理で担保できるのは、それぞれのコンテンツがしっかりと文脈に沿っているか、というところまでです。食べ合わせと味の相性を考慮して、完璧な順番で提供されたフルコースの料理でも、それぞれの料理一品一品が美味しくなければ全く意味がありません。

デジタルコンテンツ、特にウェブサイトにおいて、ユーザーエクスペリエンスを規定する要素は、大きく以下の４つに大分できます。

- IA（インフォメーション・アーキテクト：情報の構造）
- ID（インタラクティブデザイン）
- VD（ビジュアルデザイン）
- パフォーマンス（コンテンツを表示する際などのスピード）

本チャプターでは、それぞれについて注意するべきポイントをまとめたチェックリストを紹介し、その使い方を説明していきます。コンテクスト管理シートで実施したように、これらのチェック項目も事前に制作チームに伝え、制作時に留意してもらうよう依頼します。また、制作チームの責任者に、このチェックリストを使ったクライアント確認依頼前の最終チェックをお願いします。クライアントサイドでの確認・検収時には、毎回は時間的・リソース的に厳しければ抜き打ち検査的に、デジタルマーケティング担当者も実際にこのチェックリストを回するようにします。以下では、まずチェックリストの内容を一覧し、その後１つ１つの項目について詳しく解説していきます。

1. IA（インフォメーション・アーキテクト）
    ーコンテンツは MECE な情報構造を持っているか
    ーマークアップ（コーディング）は、情報構造に従って正しくされているか
2. ID（インタラクティブデザイン）
    ー全てのシステムインタラクションについて
    ・システムのフィードバックは予測可能か
    ・システムのフィードバックはユーザーが予想した通りか
    ・**アフォーダンス**は担保されているか
3. VD（ビジュアルデザイン）
    ーデザインは自社や当該ブランドの CI・VI ガイドラインに沿ったものか

－使われている写真素材のクオリティーは自社のスタンダードに適うものか

－文字要素の視認性は明るさの異なる複数のディスプレイで問題ないか

－承認したところ以外に画像文字は使われていないか

－画像文字はしっかりと文字詰めされているか

4. パフォーマンス（コンテンツを表示する際などのスピード）

－SLA の規定に従ったパフォーマンスになっているか

　デジタルコンテンツの制作には、「テレビ番組などの映像制作」「**DTP**（デスクトップパブリッシング・グラフィックデザイン」「システム開発」の3つの系譜があり、ウェブ制作の技術やノウハウはその3つが混沌と混ざり合って発展してきました。特に「システム開発」のところは、バックグラウンドがないと取っつきにくいのですが、その出自や成り立ちを含め技術やノウハウを理解することで、押さえどころを掴むことができ、かつディベロッパーやシステムベンダーなどのマインドセットを伺い知ることができます。この先、少し歴史や技術的な詳細に踏み込んだ説明が続きますが、チェックリストの各アイテムの本質を掴み、制作チームをリードしていくために必要な情報なのでぜひ頭に入れておいてください。

■ 1. インフォメーション・アーキテクト

　ウェブサイトの目に見える部分は、基本的には HTML というマークアップ言語と CSS という**スタイルシート**でできています。マークアップ言語やスタイルシートというのは、プログラミング言語とは異なり、簡単にいうと人間に向けて書かれた文字（言語）につける装飾のルールのようなものです。このうち HTML は、HTTP という**プロトコル**と同時に、1980 年代に CERN（欧州原子核研究機構）のティム・バーナーズ＝リーにより開発されました。CERN の科学者により開発されていることからもわかるように、これらはもともと学術的な研究結果や研究データを、世界中の研究者と共有するためにデザインされたものでした。例えば「リンク」は、参照先の論文などに自

由に移動できるよう考えられた機能です。のちにグーグルが登場したとき、検索の順位を決定するアルゴリズム（ペイジ・ランク）を開発する際に、創業者のラリー・ペイジは当初「被リンク」の数をもっとも重視しました。これは、学術の世界で、被引用件数が多い論文ほど価値が高い、とされる慣行に従ったものです。

　そんな出自のゆえに、インターネットを見えないところで支えるシステムの世界では、情報の構造（インフォメーション・アーキテクト）がとても重視されます。しっかりとした情報構造を持ったウェブサイトでないと、グーグルなどの検索エンジンには正しく評価されないため、製作者には情報の構造に気を配るモチベーションが働きます。すると消費者も情報構造がしっかり整ったサイトを数多く目にするようになり、ある意味無意識に目が肥えてきます。そこに情報構造が滅茶苦茶なサイトが混ざり込むと、消費者は無意識にそれを忌避するようになります。ウェブサイトがしっかりとした情報構造を持っていなくてはならないのはこのためです。また、ウェブサイト制作上のルールであり装飾ツールでもある HTML や CSS は、しっかりとした情報構造を前提として設計されています。例えば、HTML 上で一番大きな見出し用の文字は H1 というタグでマークアップします。次に大きな見出し用の文字は H2 です。ブラウザで表示すると H1 でマークアップした文字は H2 より大きくなりますが、もともとの文章に明確な大見出し・小見出しの関係性がないと、この 2 つのタグは使い分けられません。つまり、情報構造の混乱がデザインの混乱に直結してしまうのです。

　これらを踏まえ、サイトを制作する際は、情報構造に関して以下に留意する必要があります。

- コンテンは MECE な情報構造を持っているか
- マークアップは、情報構造に従って正しくされているか

コンテンツは MECE な情報構造を持っているか

MECE という概念の説明はいろいろなところに優れたものがあるので、ここでは深入りしません。わからない方はインターネットで検索いただければ、優良な解説サイトをすぐに見つけられることでしょう。ここでは簡単に「漏れなくダブりもない情報構造」と理解してもらえれば結構です。サイト全体の情報構造を把握するには、サイトマップを見るのがもっとも手早い方法です。制作チームに作成してもらい、それをサイトのクライアントチェック時に合わせて確認するようにしましょう。これには、サイトマップの作成を促すことで、情報構造をきちんと整理することを制作チームに意識してもらうことができる、という副次効果もあります。サイトマップで確認できるページをまたいだ情報構造に加え、一ページ内に配置される情報もしっかりと構造立っている必要があります。情報を構造立てて整理することには得手・不得手があり、得意ではない人が要領を掴むには少し時間がかかります。クリエイティブエージェンシーに制作チームをアサインしてもらう際、特にウェブサイトに関してはそのあたりの適材適所も考慮してもらいましょう。

マークアップは、情報構造に従って正しくされているか

前述の通り、HTML の性質により、ウェブサイトにおいて情報構造の混乱はデザインの混乱に直結してしまいます。また、情報構造が正しく設計されていても、その情報構造を正しく理解してマークアップを行わないと、やはりデザインは混乱してしまいます。例えば、大見出しに当たるタイトルと小見出しに当たるタイトルがあり、原稿ではしっかりと大見出しが「」・小見出しが『』などと分けて記載しているのに、デザイン・コーディングの担当者がその違いを意識せず両方とも H1 タグでマークアップしてしまう、などということが起こり得ます。このようなことはソースコードでタグを確認しなくても、完成したウェブサイトを見れば検知できますが、厳密にチェックしていくには少し慣れが必要かもしれません。

■ 2. インタラクティブデザイン

この本を手に取っている方で、UI という言葉を聞いたことがない人は少ないでしょう。UI とは簡単にいうと「デザイン」のことなのですが、なぜ

わざわざ「UI（ユーザーインターフェース）」などという持って回った言い方をするのでしょうか。システムやデータベースは「プログラム」なのですが、プログラムは人の代わりに作業を自律的に行うロボットとも表現でき、そのロボットの間にはインターフェース＝対話の窓口がなくてはなりません。このインターフェースには大きく次の3つがあります。

- 管理者がロボットを設定するためのインターフェース
- そのロボットと他のロボットがやりとりするためのインターフェース
- ロボットと利用者の間のインターフェース

　この最後のインターフェースがユーザーインターフェースです。API（アプリケーション・プログラミング・インターフェース）は、上記の2番目にあたり、システム同士が対話をする際のインターフェースです。システム担当者がデータベースなどの設定をする際、黒の背景に白や緑の文字が並んだ物々しい画面をいじっているのを見たことがあるかもしれませんが、あればここでいう管理者がロボットを設定するためのインターフェースです。ユーザーインターフェースに話を戻すと、とどのつまりUIとは「ユーザーとシステムの間で交わされる対話・インタラクションのデザイン」なのです。デザインはデザインなのですが、見た目のデザインではなく、対話・インタラクションのデザインであるということです。

　UIの良し悪しを検証する一番確実な手段は、「**ユーザビリティー**テスト」を実施することです。
　ユーザビリティーテストには様々な方法論があります。システム的な動きの入ったプロトタイプを作成し、調査パネルからリクルートした被験者に実際にそれを使ってもらう「**プロトタイピング**」。静的な見た目のデザインのみを作成してそれを印刷し、模擬的にプロトタイピングを実施する「**ペーパープロトタイピング**」。眼球の動きを追うことができる特別なカメラを使ってユーザーがサイトをどう認識しているかを分析する「**アイトラッキングテスト**」や、専門家が利用者になりきってサイトを使ってみる「**認知的ウォー**

クスルー」などは、一通り出来上がったサイトを評価するための方法論なので、広告主がエージェンシーから上がってきたサイトを評価するためにとり入れることができれば理想的です。しかしこれらの手法は、インターネット専業の大手企業においてすらまだ一般的とは言い難い状況なので、これを広告主企業のマーケティング担当がキャンペーンサイト制作の都度実施していくのは少し現実的ではありません。そこで推奨したいのが、UI の専門家がブランド品を鑑定するようにサイトをチェックする**ヒューリスティック評価**と呼ばれる手法の、もっとも重要なチェック項目のみに絞った簡易版です。具体的には、以下の３つの項目をチェックしていきます。

全ての**システムインタラクション**について
　　－システムのフィードバックは予測可能か
　　－システムのフィードバックはユーザーが予想した通りか
　　－アフォーダンスは担保されているか

　システムインタラクションとは、リンクをはじめとして、プルダウンで何かを選択する、チェックボックスにチェックを入れる、スクロールバーがあればスクロールする、などといった「サイトとユーザーとのやりとり」全般を包括した概念です。また、システムのフィードバックとは、リンクをクリックしたら何を表示してくれるか、プルダウンを開くと何が表示されるか、チェックボックスにチェックを入れると何が起こるか、などといったユーザーのアクションをきっかけにして起こるイベントの総称です。

システムのフィードバックは予想可能か

　「詳しく見る」というテキストリンクを見たことはないでしょうか。あるいは皆さんの管理するウェブサイトにも「詳しく見る」というリンクがないでしょうか。これは UI の視点から言うと、多くの場合あまり望ましくありません。例えば、「イベント一覧」のようなページがあり、開催が決定されているイベントがそこに一覧表示されているとします。当該一覧ページ上では、日時・場所・概要・イメージ写真がイベントごとに紹介されています。

ここに「詳しく見る」というテキストリンクがあったとします。さて、遷移先のページでは何を見ることができるでしょうか？おそらく、一覧ページにあるものより「さらに詳しい」イベントの情報なのでしょう。しかし、これだけでは具体的に「さらに詳しい」どのような情報が手に入るのかは明確ではありません。これが、「システムのフィードバックが予測不可能」という状態です。

それではこの例で、システムのフィードバックを予測可能なものにするためにはどうしたら良いでしょうか。例えば遷移先で追加で見ることができる情報が「より詳しいテキストによる解説」「応募フォーム」の２つだった場合、テキストリンクを「応募フォーム」に変更すれば、「一覧と詳細ではイベントに関する情報に大差はない」「遷移先には応募フォームがある」という予測が可能になり、例えば写真などを期待してリンクをクリックした人を失望させないでも済みます。

システムのフィードバックはユーザーが予想した通りか

同じイベント一覧ページにおけるリンクの例で、ユーザーが「応募フォーム」というリンクをクリックしたのち、表示されたページのファーストビューが「より詳しいテキストによる解説」で埋め尽くされていたらどうでしょう。ユーザーの予想・期待は裏切られることになります。これが悪い UI の典型例その２です。ページを訪れたユーザーが、他にどこのページにも遷移せずサイトを離脱してしまう状況を「直帰」といい、直帰するユーザーの数をサイトを訪れる全ユーザーの数で割った値を**直帰率**（バウンスレート）と呼びます。システムのフィードバックが予想通りでない場合、この直帰率が高まってしまいます。この例でそのような問題を回避するには、例えばテキストによる詳しい情報をデフォルトでは折りたたんでおき、節約できたスペースにフォームの最上部を見切らせておく、などの対応が考えられます。

これは非常にマイクロなコンテクストの問題とも言えます。デジタルコンテンツには、大小様々なコンテクストが入れ子になって混在しています。「こ

のアクションをしたら何が起こるのか」を極力予想可能にして、予想しても
らった通りの結果を返す。頭にクエスチョンマークを浮かばせない。これが
UI 設計の鉄則です。よくウェブページの「長さ」を気にする人がいますが、
上記の原則が守られていて、ユーザーの頭にクエスチョンマークが浮かばな
ければ、ページの長さはそれほどストレスになりません。これは筆者が過去
に実施したユーザビリティーテストでも実証されましたが、長い間 UI の改
善を繰り返してきているはずのアマゾンや楽天の商品ページが「巻物」のよ
うに縦長なこともその 1 つの証左でしょう。

アフォーダンスは担保されているか

　アフォーダンスという言葉を知っていますか、と聞くと、必ず「何それ、
アホダンスですか？」と聞いてくる人がいて辟易します。しかし、アフォー
ダンスという耳慣れない単語を覚えるには、この語呂合わせは便利かもしれ
ません。アフォーダンスとは、物がそれ自体の被操作性を無言のままに示唆
すること、とでもいった概念です。言葉で説明しようとすると、このように
ほとんど意味不明なのですが、実は非常に単純で誤解の余地のない概念です。
例えば、ウェブサイトにレイアウトされるボタンには、一般的に多くの人が
ボタンだと認識している慣用的なデザインが使われますが、それらにはエン
ボスをかけるなど「ボタンらしさ」が演出されています。この「ボタンらし
さ」があるため、ユーザーはそれをクリッカブルだと判断できます。しかし
中には、たまたまカーソルを重ねてみて初めてクリッカブルだと気づくよう
なボタンデザインもあります。この場合、このボタンには「アフォーダンス
がない」ということになります。

　忍者屋敷の隠し扉などは、意図的にアフォーダンスをなくしている例でしょ
う。そういうものを除くと、リアルの世界には、アフォーダンスを欠いた
対象物というものはなかなかありません。モノの操作には必ず物理的な接触
を伴うので、操作の対象となる要素は他の要素との物理的な違いを必ず持っ
ているためです。しかし、デジタルの世界では、制作者が意図的にそうしな
いと、アフォーダンスは生まれません。スマートフォンで画像が横に並んで

いてそこからさらに横にスクロールできるような UI を表現する際、画面の両端にあえてすぐ横の画像の端を見きらせておく、などもアフォーダンスを演出するテクニックの一例です。関係者がデザインをチェックする際は、何がリンクで何がそうでないか、などの仕様をワイヤーフレームのレベルで一度確認しているので、意識して見ないとアフォーダンスの欠如に気づかないことが多いです。しっかりとアフォーダンスを「意識して」コンテンツをチェックすることが大切です。

■ 3. ビジュアルデザイン

サイトの外観的なデザイン、静的なスクリーンショット的なデザインをビジュアルデザインと呼びます。プリントメディアの広告物のクリエイティブチェックに慣れたマーケターは、このビジュアルデザインの確認のみを、ウェブサイトのクリエイティブチェックだと考えている節があります。デザインが安っぽくないか、十分にプレミアム感があるか、などといった点のみチェックし、CI・VI ガイドラインへの準拠をチェックして、問題がなければOK を出す。それではウェブサイトのクリエイティブをチェックしていることにはなりません。

第一に、インフォメーション・アーキテクトやインタラクティブデザインなど、より重要なその他の領域のチェックを怠っていますし、ビジュアルデザインのチェック自体も、ウェブコンテンツに特有の事項を網羅しておらず不十分です。以下にデジタルコンテンツのビジュアルデザインのチェックに際して、最低限留意すべきポイントをまとめました。最初の2つは、プリントメディアでも同様なので抜け漏れが発生する心配も少なく、ことさらに解説は必要ないでしょう。残りの3つをここでは細かく見ていきます。

- デザインは自社や当該ブランドの CI・VI ガイドラインに沿ったものか
- 使われている写真素材のクオリティーは自社のスタンダードに適うものか
- 文字要素の視認性は明るさの異なる複数のディスプレイで問題ないか

- 承認したところ以外に画像文字は使われていないか
- 画像文字はしっかりと文字詰めされているか

文字要素の視認性は明るさの異なる複数のディスプレイで問題ないか

　ディスプレイの明るさは PC もスマートフォンもメーカーによって様々で、一番暗めのものと一番明るめのものではかなりの差があります。それゆえ、制作チームの制作環境では問題なくても、他の環境で見ると文字が全く読めない、ということがままあります。まずは文字の視認性について自分の環境で見落とさないようにしっかりとチェックすることですが、デスクのPC をダブルスクリーンにしている場合、個人用と会社用で別々の端末を持っている場合などは、あえてディスプレイの明るさ設定を明るめと暗めで分けて、視認性が怪しい部分だけでも複数のディスプレイ環境でチェックするよう習慣づけましょう。制作チームにはしっかりとチェックしてもらいつつ、クライアントサイドでは「しっかりと見ているぞ」という抑止力を担保することが重要です。抜き打ちテストでも良いので、見るときはしっかりと確認し、対応の不行き届きがあれば指摘しましょう。

承認したところ以外に画像文字は使われていないか

　ウェブサイトで文字を表現するには 2 通りの方法があります。1 つはインフォメーション・アーキテクトのところでも紹介した HTML を使って、文字を「マークアップ」する方法。この場合、文字はシステム文字として、ブラウザの機能によりユーザーが指定したフォントで（ほとんど全ての人がデフォルト設定のまま）都度都度レンダリングされます。もう 1 つは文字をフォトショップやイラストレーターなどでデザインし、それを JPEG やGIF、PNG などのビットマップ画像にしてレイアウトする方法。この場合、ブラウザに表示されるのは文字ではなく画像なので、例えばコピー＆ペーストができません。望ましいのは、圧倒的に前者です。理由は大きく 3 つあります。

　まず、消費者は「カクテルパーティー効果」で広告を無意識のうちに避け

てサイトを閲覧しようとしますが、そこで使われている画像文字もある種の
バナー広告的なものと認識する傾向があります。次に、画像としてレンダリ
ングされた文字は意味を持たないため、人間には識別できても検索エンジン
をはじめとしたシステムには認識されません。厳密にいうと ALT 属性とい
うデータで意味を付与することができますが、これはもともと画像に意味を
付与するためのものではなく画像が表示できないときの代替（オルタナティ
ブ）情報なので、文字情報そのものよりも意味性が薄くなります。最後に、
システム文字で表示された文字は、デバイスや環境に応じて自動的に大きさ
が自動調整されますが、画像文字の大きさはいかなる環境でも変わりません。

　これら 3 つの点から、ウェブサイト上の文字は原則全てシステム文字で
あるべきです。デザイン上どうしても仕方がない場合のみ、都度クライアン
トの承認のもと画像文字を使用する、というルールにしておき、それ以外の
場合はしっかりと HTML でコーディングしてもらいましょう。制作サイド
としては、実際にレンダリングされた際の見た目の検証が不要、かつ表示の
コントロールがしやすいので、特に指定がなければ画像文字を多用するモチ
ベーションが働いてしまいます。ゆえにここはリクエストとして事前にしっ
かりと制作チームに伝えておきましょう。

画像文字はしっかりと文字詰めされているか

　最後にとても細かい点です。画像文字の使用を許可した箇所で、文字がし
っかりと「文字詰め」されているかを確認しましょう。文字詰めとは、文字
間隔を自動的に「読みやすく」調整してくれるプロポーショナルフォントを
使って文字をレイアウトしたとき、必ずしも見た目が「美しく」ならないの
を調整するデザイン上のテクニックです。例えば、手元のパソコンで「等幅
フォント」と文字入力し、40 ポイント程度まで文字を拡大して見てみてく
ださい。「ト」の前が異常に大きく空いていませんか？これを美しく、バラ
ンスよく調整するのが文字詰めです。印刷の世界では常識ですが、ウェブの
世界ではこれをするデザイナーとしないデザイナーがいます。画像文字にす
る以上は、前述のデメリットを理解した上であえて見た目の美しさを重視す

るという判断ですから、タイポグラフィーも十分美しくデザインされていることを求めましょう。

■ 4. パフォーマンス
SLA の規定に従ったパフォーマンスになっているか

　ここでいうパフォーマンスとは、サイトが表示されるスピードを意味します。サイトの表示に時間がかかると、その間離脱されてしまうリスクが高まるのみならず、待ってくれた場合にもユーザーにストレスを与えます。それは積もり積もって、ブランドに対するネガティブなイメージに転化してしまいます。

　サイトのパフォーマンスの話は、4.4「ブリーフィング資料を作成する」でも SLA のところで触れましたし、3.3「マーケティングツール投資の計画を立てる」でも言及したのでもうお馴染みでしょう。これは1つにサーバーや CDN などインフラ設計の話なのですが、サイトを制作していく段階でも留意すべきことがいくつかあります。

　まずは何より画像のクオリティーを不要に高く設定しすぎないことです。CDN の中には、モバイルの通信環境（Wi-Fi なのか 4G なのか）を検知し、Wi-Fi の場合は高いクオリティーの JPEG 画像を、4G の場合は圧縮して保存しておいた別の JPEG 画像を自動的に出し分けて表示する、などという機能を持ったものもありました。そのような技術に頼ることができない場合は、人が見て画像の劣化が認められないギリギリのところまでクオリティーを落とすなどして、表示のスピードアップを図りましょう。

　その他はコーディング上のとてもテクニカルなことなので、マーケターが細かく指示を出したりチェックしたりすることは困難ですが、ソースコードの組み方を工夫することで、レンダリングを早くしたり早く感じさせたりすることが可能です。SLA で規定したベンチマークを意識しながら本番環境で公開後のチェックをし、明らかに不十分と思われる場合はエージェンシーとしっかり話し合いをして、上記のようなコーディング上のパフォーマンス対策を講じてもらいましょう。

4.6.3 プロジェクトマネージメント

プロジェクトを管理する方法論

　広告界では昨今働き方改革が声高に叫ばれています。広告界の働き方問題には様々な背景が複雑に錯綜しており、この小著で一席ぶてるほど気軽なテーマではありませんが、そこにはデジタルマーケティングとマス・ATL マーケティングの「プロジェクト進行の違い」が影を落としています。

　皆さんは「**PMBOK**」を発音できるでしょうか。この言葉の「マーケター」の間での認知率は、とあるマーケティング関係者を対象とした講演のオーディエンスポールの結果では 0 ％でした。インターネット業界で働いているエンジニアに聞けばほぼ 100% なのではないでしょうか。この言葉は、「ピンボック」と発音しますが、プロジェクト・マネージメント・ボディ・オブ・ナレッジの頭文字をとった、プロジェクトマネージメントの教科書の名称です。PMI（プロジェクト・マネージメント・インスティテュート）という、アメリカのフィラデルフィアに本部を置く団体が発行しています。日本語版で 600 ページ近くあり、プロジェクトマネージメントに関する知識が非常に体系的に、網羅的にまとめられています。「プロジェクト」というのは、ゴールと期日がある活動ですが、その意味では我々が日常仕事として行う大半のことがプロジェクトです。そういった前提での「プロジェクト」の知識体系である PMBOK は、あらゆる業種・職種に共通した仕事のノウハウ集といってもいいかもしれません。

　システム開発の世界では、このプロジェクトマネージメントの知識体系が古くから活用されてきました。伝統的な「ウォーターフォール」と呼ばれるプロジェクト進行フレームワークでは、要件（やりたいこと）を定義し、仕様（スペック）を定義し、設計し、開発し、テストしてローンチするというのがプロジェクトの大まかな流れになります。このように工程をしっかり管理しておかないと、例えば実際にシステムが完成して受け入れテストをする段階になって、偉い人が「なんでこの並び替えができないんだ！」などと言

い出し、場合によっては一から作り直しになってしまいます。この指摘は「やりたいこと＝要件」の話なので、ウォーターフォールの工程では文字通り一番最初まで遡って修正しなくてはならないのです。同じことはデジタル以外の広告物の制作にも当てはまります。例えば、テレビ CM を作成する前には PPM を実施しますが、そこでは細かいストーリー・ボード（演出コンテ）の確認をし、撮影ロケーション、演者、音楽、セリフのスクリプトなどの詳細を詰め、香盤表と呼ばれる撮影の細かいスケジュールを確認します。これを実施しておかないと、あとから偉い人が「なんかイメージと違う」などと言いだし、一から作り直しになってしまいます。

　両者の違いは、PMBOK が知識の体系であるのに対して、PPM は 1 つの業務管理のフォーマットであるにすぎない、という点です。PMBOK に代表されるプロジェクトマネージメントの知識体系は、この PPM のような業務管理のフォーマットを、プロジェクトごとにカスタムメイドするための知識であるとも言えます。テレビ CM や新聞広告・雑誌広告は表現形式にも画一的なフォーマットがあり、長さや画角など全て決まっているため、業務管理のフォーマットは画一的なものでもそれほど問題はありません。しかし、システム開発やデジタルのクリエイティブには決められたフォーマットがありません。それが表現の自由をもたらしますが、同時に制作進行のカオスにも繋がります。そのため、システム開発の世界では長らく PMBOK のような知識体系に依って、毎回テーラーメイドのフォーマットを作成し、プロジェクトを管理してきたのです。

従来のメディアとデジタルの進行の違い

　しかし、マス・ATL メディアからスタートしてデジタルに業務を拡大してきた広告代理店や、同じくそれに相対する企業の広告部門の多くは、これらデジタルクリエイティブやシステム開発の進行管理にはあまり馴染みがありません。そういった環境ではエージェンシーサイドと広告主サイドの両方で、これまでテレビ CM や印刷物のクリエイティブ制作に用いてきた業務管理のフォーマットを、そのまま、あるいは少しだけ改良してデジタルのクリエイティブ制作にも使っているのが現状です。ここで起こる一番大きな問

題は、進行管理プロセスのパーツが圧倒的に足りないことです。そこで、担当者が独自にプロセスをデザインしなくてはならず、かつ PIMBOK のような知識なしに空手でやらなくてはいけないので、その業務負荷がとても高くなってしまうのです。

　例えば、とかく抜けがちなのがテストのプロセスです。システムのテストには、単体テスト、結合テスト、機能テスト、ユーザー受け入れテストなど様々な種類があります。しかし、エージェンシー・広告主双方のデジタルマーケティング担当者以外の関係者は、このような制作工程を把握していません。「デジタルはよくわからん。よきに計らってくれ」ということで「よきに計らった」結果が、担当者の業務負荷の蓄積、または成果物のクオリティーの低下、あるいはその両方です。この状況を打開するには、まずは関係者にデジタルクリエイティブの進行管理の特性をよく理解してもらうこと、そして担当者にプロジェクトマネージメントの知識体系という武器を与えることが必要です。

　PMBOK は日本語版にして 600 ページ近くある大きな本です。この小著では深入りはできないため、興味がある方はぜひ別途解説書などを読んでみてください。PMBOK そのものを読了する必要はなく、良質な日本語の解説本なども多いのでそちらで十分です。ここでは、広告領域のデジタルクリエイティブ制作に必要最低限と考えられる以下の 5 項目に絞って、そのエッセンスを解説していきます。プロジェクトマネージメントに関しては、プロジェクトリーダーとして全体をまとめあげるのは他でもない広告主です。広告主が自分自身でプロセスに習熟すると同時に、エージェンシーのこの点におけるケイパビリティを見極め、不足しているとあらばスイッチを検討するかスタッフの能力開発を求めましょう。

- プロジェクトマネージメント憲章
- スコープの定義
- **WBS**（ワーク・ブレイクダウン・ストラクチャー）の作成
- スケジュールの作成

- 課題管理表

■プロジェクトマネージメント憲章

プロジェクトを開始するにあたり、以下の３つを明確にします。

- ストラクチャー
- 会議体
- 運用上のルール

「ストラクチャー」は、プロジェクトの組織図です。主な登場人物は、プロジェクトオーナー、プロジェクトマネージャー、プロジェクトマネージメントオフィス、チャンクリーダー、各チャンクのメンバー、その他のステークホルダーです。プロジェクトオーナーは、プロジェクトリーダーのリクエストに応じてプロジェクトに予算とリソースを拠出し、ローンチの最終的な承認を行います。マーケティング部門のトップや、全社プロジェクトの場合は会社のトップなどが担当する場合が多いでしょう。

プロジェクトリーダーは、プロジェクトのゴールを詳細に定義し、予算とリソースをオーナーにリクエストして、プロジェクト全体を進行する責任者です。具体的なチームの編成もプロジェクトマネージャーの大事な仕事です。

プロジェクトマネージメントオフィスは、PMBOK 上の定義とは若干異なりますが、日本ではプロジェクト進行全体のサポートをする事務局機能を指す場合が多いです。

チャンクリーダーは、プロジェクトをいくつかの塊（チャンク）に分けるとき、そのパートをプロジェクトリーダーに変わってリードするシニアなメンバーです。

メンバーは各チャンク、もしくはプロジェクトに属するリーダー以外の参加者です。

その他のステークホルダーは、例えば社長がプロジェクトオーナーでデジタルマーケティングマネージャーがプロジェクトリーダーである場合のマーケティング部門トップなど、プロジェクトストラクチャーの中には登場しな

いものの影響や承認権限を持つ人たちです。プロジェクトマネージメント憲章では、当プロジェクトにおける各ロールの定義を、メンバーのアサインメントと合わせて明確にしておきます。

「会議体」では、情報共有の場と決済・承認の場を、それぞれの参加者とタイミングを含めあらかじめ定義しておきます。「週に１回プロジェクトマネージャー以下のメンバーで定例会議をし、1. 進捗の確認、2. 決裁が必要な事項についてプロジェクトマネージャーの決裁、3. 課題の洗い出しと対応の議論を行う。月に１回、プロジェクトオーナーと一部のステークホルダー、プロジェクトリーダーからなるステアリング・コミッティー（ステコミ：蛇取り＝意思決定機関）の会議を開催し、そこでハイレベルな進捗共有と重要事項の決裁を行う。各チャンクでは、チャンクのリーダーが任意で定例会議を設定する」などという会議に関するとり決めを行います。

「運用上のルール」では、「アジェンダはミーティングの前日までに誰々がメールで展開し、ミーティングの後は翌日中までに誰々が議事録を出す」などの細かいルールを定義します。コミュニケーションにはスラック（グループコミュニケーションツールの名称）を用いる、ただし依頼事項は必ず対面か電話で行う、などコミュニケーション上のルールやツールなどについてもここで定義をしておきましょう。

■スコープの定義
当プロジェクトのスコープを定義します。簡単にいうと、そのプロジェクトの境界線をはっきりさせる、ということです。例えば、「働く女性のための保険」というイメージを強化するために、「働く女性のためのポータルサイト」をテーマとしたオウンドメディアを開発するプロジェクトを立ち上げるとします。ローンチ時のコンテンツと編集方針はプロジェクトで開発するとして、その後の運用も同プロジェクトで担当するのでしょうか。それとも、それは別の運用チームを立ち上げて、そこに引き継ぐのでしょうか。あるいは、要件の中に「働く女性からの記事投稿機能」のようなものが含まれてい

て、それだけ別格に時間と予算がかかるというような場合、切り出して「フェーズ2」とするという選択肢もありえます。そういったプロジェクトの境界線の明確化がスコーピングです。スコーピングはリソースや予算の大幅な変動を伴うハイレベルな意思決定となるので、ステアリング・コミッティーなどでプロジェクトオーナーのコミットメントをとり付けておきましょう。

■ WBS（ワーク・ブレイクダウン・ストラクチャー）の作成

　プロジェクト遅延の「言い訳」ナンバー1は何だと思いますか？「予想外のことが起こった」です。では、プロジェクトマネージャーが「予想外のことが起こった」と言うとき、それは本当に予想外だったのでしょうか？例えば、前述のオウンドメディアの例で、ローン前直前の最終段階のステコミ承認時にメンバーの一人である広報部長から、コンセプトに対する大きな変更要望があったとします。広報部長は、それが変更されない限りは承認はしないと言っています。コンセプトの変更は、ほぼ全てのやり直しに繋がり、このタイミングでは「大どんでん返し」です。これは予想外だった、ということになるかもしれませんが、広報部長とのアラインメントをタスクとして認識し、それをさらに「説明」「フィードバックの反映」「フィードバック反映後の再確認」などと細分化して早い段階にスケジュールしておけば、上記のようなことにはならなかったはずです。そうなるとこれは「タスクの洗い出し」の問題だったということになります。

　タスクを抜け漏れなく洗い出し、それをグルーピングして管理するためのフレームワークがWBSです。これは「ワード」などドキュメント作成ソフトの「アウトライナー」機能を使って作成すると便利です。作り方は、まずはプロジェクトマネージャー自らが必要なタスクを洗い出し、それを樹形図の形でグルーピングして整理していきます。作成したWBSは必ずプロジェクトチーム全体でレビューし、抜け漏れがないかどうかを確認します。ここが一番のポイントなのですが、このWBSの作成はスケジュール作成の先行タスクです。スケジュール作成に入る前に、WBSの段階で一度全員でレビューし、抜け漏れを潰しておきましょう。スケジュールの作成と同時にタス

クの抜け漏れも潰そうとすると、一度引いたスケジュールを何度も引き直すことになり非効率ですし、脳の違うパートを使うのか抜け漏れ自体も洗い出しにくく、スケジュールの引き直しは面倒なのでタスクの抜け漏れなど洗い出したくないな、という心理も無意識に働きます。WBS の作成は、必ずスケジュールの作成とは切り離して事前に行いましょう。

【WBS の例】

- 全体コンセプト策定
    - チーム内 FIX
        ◇コンセプトドラフト作成
        ◇プロジェクト内フィードバック収集
        ◇プロジェクト内最終 FIX
    - ステコミ承認
        ◇ステコミ提案
        ◇ステコミフィードバック反映
        ◇ステコミ最終承認
- ウェブサイト開発
    - ディレクション FIX
        ◇サイトマップ
        ・提案
        ・フィードバック
        ・フィードバック反映 & FIX
        ◇ワイヤーフレーム
        ・提案
        ・フィードバック
        ・フィードバック反映 & FIX
        ◇外部仕様書
        ・提案
        ・フィードバック

・フィードバック反映＆ FIX
　ービジュアルデザイン開発
　　ー（中略）
● ウェブサイトテスト
● （中略）
● リーガルチェック

■スケジュールの作成
　WBS を作成したら、各タスクに担当者とスケジュールを入力していけば、ガントチャートと呼ばれるスケジュール表が出来上がります。スケジュールのフォーマットは様々ですが、「タスク」「担当者」「タスクごとの開始日と終了日」がしっかり押さえられていれば、どのようなフォーマットでも問題ありません。おそらく皆さんが現在お使いのフォーマットもその要件を満たしていると思われるので、そちらを使っていただくとして、ここでは WBS からスケジュール作成に移行する際の注意点を説明します。

　各タスクには前後関係があるものと、並走できるものがあります。例えば上記の例で、全体のコンセプトやネーミングが決まらないとデザインのトーンなどが規定できないので、コンセプトはウェブサイト開発の先行タスクになります。また、開発が終わらなければ当然テストはできないので、開発はテストの先行タスクになります。一方で、例えばコンセプトで決めた名前の候補をリーガル部門と連携して商標チェックする、などという作業は、サイト制作と並行して進められます。WBS をスケジュールに落とし込む際は、このようなタスクの前後関係をおおよそ整理しておく必要があります。まずは最上段のレイヤーを 1 つのチャンクとして、紙などの二次元の平面に各チャンクの上下左右の関係（上下が並走、左右が前後）を整理しておきましょう。PERT チャートという専用のフォーマットや、それを作成するツールなどもありますが、手書きで紙に整理するなどで十分です。

　実際の前後関係は、これらの作業で完全にフィックスできるわけではあり

ません。細かくスケジュールを引いていく段階で、場合によっては上位のタスクをまたいで前後関係が発生するかもしれません。そのあたりは作成しながら整理していくほかありません。

　最終的にスケジュールには、これが遅れたらローンチが絶対に遅延する、という一本のパス（道）が引けるはずです。このプロジェクトの例で言えば、リーガルチェックなど他の全てのタスクと並走できるタスクは、この一本道には入ってきません。この一本道を「クリティカル・パス」と言いますが、クリティカル・パスを特定するのは簡単ではありません。やや専門的な領域に踏み込んでしまいますので、ここではより簡易的に重要なパスを管理する方法を紹介します。

　まず、プロジェクト全体を２〜３の大きなチャンクに分け（プロジェクトの組織としてチャンク分けされている場合はそれをそのまま使い）、各チャンクごとに「週ごとの重要タスク」をピックアップして１枚のウィークリーカレンダーにまとめます。「週ごとの重要タスク」は、これが終わらないと次週の作業が始められないものを必ずピックアップするようにします。これを、ウィークリー重要タスクリスト、と読んでおきましょう。そして、毎週のプロジェクト定例でこのウィークリー重要タスクリストを読み合わせていきます。全体の行程を整理したガントチャートのような大きなスケジュールは、あくまで辞書的に参照するべきもので、それをもとに全体の進捗管理をするにはあまりに複雑です。例えプロジェクトマネージャーが個人的にそのようなチャートを読み込む能力に長けていたとしても、重要な勘所はプロジェクト全体で把握していないといけないので、ウィークリー重要タスクリストを活用してチーム全体でローンチに向けた重要パスを管理していきましょう。

■課題管理表
　この課題管理表の有用性は、実際にプロジェクトを進行してみないとなかなかピンとこないかもしれません。例えば、前述した「働く女性のためのポータルサイト」制作の過程で、ITチームが管理しているサーバーの空き容

量に問題があり、このサイトを自社サーバーにホストできないかもしれない、という話が持ち上がったとします。もしそれが確定した場合、別のサーバーを手配しないといけないので、新たなタスクが発生します。もし問題ないことがわかった場合、何もしなくてもいいので新たなタスクは発生しません。このような現時点ではタスク未満でありながらアクションが必要とされる問題を課題と呼び、1枚のシートにまとめて管理するのが課題管理表です。フォーマットというほどのものではありませんが、課題名・担当者・ステータス・期日・備考欄があるシートをエクセルなどで作成すればそれで十分です。定例ミーティングを実施する場合は、この課題管理表とウィークリー重要タスクリストを使って進捗を管理するといいでしょう。このあたりのツールは、可視化することと継続することが何より重要なので、極力わかりやすく単純なものにしましょう。「毎日腹筋100回」などという目標を立てて結局挫折してしまうより、毎日10回を確実にこなすことを心がけるイメージでツールを準備しましょう。

4.7

キャンペーンの効果測定

4.7.1 効果測定総論

デジタルマーケティングで扱うデータの特徴｜事前の調査設計なしに分析が始められる

　オウンドメディアのログデータなどデジタルマーケティングでとり扱うデータの特徴を見ていくと、以下の３つのポイントが挙げられます。

- アドレサブル・トラッカブルである
  - 個を識別できる
  - 時系列を移動して追跡調査できる
- 全量的である
  - サンプルを抽出する必要がない
- リアルタイムである
  - 即座に分析し即座にアクションできる

　アドレサブル、というのはアドレスできる、つまりユーザーをユニークに特定できることを意味します。ブラウザクッキー周りの技術により、「のべ」のみならず個人の重複を考慮した数が把握できるほか、それに紐付く行動履歴やプロフィール情報を参照することで、「どんな人が」広告やサイトなどのタッチポイントに接触したのかを明らかにできます。

　トラッカブルはトラックできる、つまり追跡調査が可能なことを意味します。今回の広告を通じてどんな人と接触することができたのか、というのはその時点での「点」のデータでしかありませんが、デジタルでは個を識別できることから、その人が過去どういうステータスにあって２ヶ月後にどうなっているのか、という「線」の追跡が可能です。

　また、デジタル上のデータは「全量データ」です。ECサイトのアクセス

ログであれば、お店に訪れた人全員のデータがもれなく蓄積されています。それゆえに、調査や分析をする際にパネルを持っていたりそこからサンプルを抽出したりする必要がありません。

　データがリアルタイムであることも大きな特徴です。消費者の反応を示すデータが即座に分析可能であることは、分析を受けたアクションも即座に行えることを意味し、施策のPDCAを劇的にスピードアップしてくれます。

　これら全てが意味することを一言でいうと、事前の調査設計なしに分析が始められ、それに基づいたアクションが打てる＝アジリティーが高いということです。通常、例えば実店舗の利用者を対象としたリサーチ（サーベイ調査）をするには、調査会社にお願いして彼らの持つパネルの中から対象者をリクルーティングしなくてはいけません。過去何ヶ月の間にいくら以上購入したロイヤルユーザー、などのクラスタリングの視点が入ると、事前にスクリーニングを行い、出現率を見てサンプルの割付を行う必要も出てきます。

　これをデジタルに閉じて行う場合、例えば自社ECサイトの利用者のデータを分析する、などという場合は、全てのログデータがサーバーに蓄積されているので、これらの準備作業が全て必要ありません。

　これは素晴らしいことのように思われますが、同時にカオスの源泉でもあります。一度データの海に注意深い目を転じると、そこには玉石混交様々な情報がものすごいスピードで渦巻いています。この混沌は、データ分析ツールで覆われた表面より少し深いところで起こって、よく注意を凝らさないと本当の姿が見えてきません。これを可視化してデータの海を完全に航行していくためには、ツールを準備しそれに習熟する、という表層的なことではなく、より本質的な準備が必要となります。以下でそのステップを解説していきます。

- 論点を整理する
- 仮説を立案する
- 仮説を立証する上で検討が必要なデータを明確にする
- データソース・データ項目を特定する

一番大きな「喧嘩のタネ」は何か？

　まずは論点の整理から始めます。決着がついていない議論のポイント＝論点を洗い出し、グルーピングして本質をあぶりだした上で、それらに優先順位をつけていくのです。例えば、ECサイトのパフォーマンスを分析していくとします。「とりあえずまあアクセス解析ツールでトップページのPVとUUでも見てみるか」などとなりそうですが、それを見ることで決着する議論のポイント・喧嘩のタネは一体何なのでしょうか。そこから得た結果をもとに、一体どういうアクションをとりうるのでしょうか。これらの問いに即答できなければ、論点の整理が不十分であると言わざるを得ません。分析をする、と決めたわけですから、その背景には「売上が想定していたように上がってこない」など、何らかのビジネス上の課題があるはずです。その課題をとり除くために、決着をつけなくてはいけない議論のポイントを整理しましょう。

＜課題＞
ECサイトの売上が想定していたように上がってこない

＜論点＞

- 問題はサイトの作り（UI）にあるのか？マーチャンダイジング（品揃え）にあるのか？集客にあるのか？
- 問題がサイトの作りにあるなら、サイト上に売上を阻害している特定のボトルネックがあるのか？
- あるとしたら、それはどこなのか？ボトルネックが生じている原因は何なのか？
- その原因をとり除く方法はないのか？

　このあたりが論点といえそうです。議論に決着をつけていく順番、つまり論点の優先度は、上から下に向けて下がっていきます。ここでは、まず最上位の論点、「問題はサイトの作りにあるのか？マーチャンダイジングにあるのか？集客にあるのか？」に決着をつけるための分析を設計することにしま

しょう。

　MD・商品担当、UI 担当、広告担当が全部別の人であれば、これは一番大きな喧嘩のタネになるでしょう。例えば MD・商品担当と UI 担当の政治力が強く、はじめから品揃えと UI には問題がないという前提で議論が進められてしまい、広告・集客が悪い、さあどこが悪いか分析しよう、などとなったとします。しかしその実、問題はサイトの作りにあったのだとしたら、その先の分析が全て無意味になってしまいます。社内政治のかけひきはさておき、このように分析する必要のないことに時間をかけてしまうという事態を避けるために、洗い出し・グルーピングをした論点には必ず優先度をつけ、どの問題から決着をつけていくかを明確にしましょう。

　次のステップとして、この論点に対する仮説を立てます。

　　品揃えや、集客を担保する広告は、十分ではないが改善・増加している。
　　それにも関わらず売上が上がってこない理由は、サイトの欠陥にある

　この仮説を検証するには、どのようなデータが必要でしょうか。商品の追加・入れ替えに想定通りに改善の効果が見られ、広告のパフォーマンスも実際に向上している、という点が真実であって、かつサイトに対するユーザーの評価が業界平均と比べて低かったら、確かにこの仮説は正しいと証明できそうです。では、それを実証するには、具体的にはどのようなデータソースを参照し、どのような項目を比較すれば良いでしょうか。

- 他の条件を一緒にした上での、品揃え変更前後の、訪問者の商品カート投入率
- 本当に広告からの流入数が増加しているか、ということと広告経由のユーザーの商品ページへの到達率
- サイトの回遊を示す PV ／ UU、サイトの平均滞在時間、FAQ ページの閲覧数、コールセンターへのサイトの使い勝手に関する入電状況など

ここまで整理して初めて、ウェブ解析ツールなどのツールに手をつけるようにしましょう。ここまでの整理ができていれば、利用するべきツールにも、具体的な分析メニューにも迷いが生じる余地はありません。情報の濁流に舵をとられ身動きがとれなくなるようなことはないでしょう。とりあえず見ておこうか、と大半の人が見るであろうトップページのPVもUUも、ここでは全く参照する必要のないデータだったことがわかります。論点の分析や仮説の整理には時間がかかるかもしれませんが、トータルで見れば作業の手戻りや無駄な徘徊が減り、むしろ圧倒的に作業時間が短縮できるでしょう。何より、分析をしたが明確な結論が出なかった、というようなことや、結論は出たが具体的な打ち手に繋がらなかった、というような罪深い状況を撲滅することができます。

　ツールを使った分析の結果、仮説が立証される場合と反証される場合、両方のケースがあり得ます。仮説が立証されれば、ではサイトのUIを改善しよう、などという具体的なアクションに繋げることができます。一方で、仮説が反証されたからといって決して落胆する必要はありません。それはまた別のアクションにつながっていくのです。例えば同じ例で、増加した広告はしっかりワークしている、という仮説が実は間違っていたとします。よくよく分析してみたところ、広告量の増加に伴ってトラフィック自体は増えていたものの、その大半が最初のページで直帰してしまっており、実質トラフィック増につながっていなかったことが発覚したとします。この結果は、広告の表現やターゲットを切り替える、あるいは受け皿であるウェブサイトのランディングページをしっかりと広告と連動したものになるように改善する、などというアクションにつなげることができます。

効果測定におけるPL（プロフィット・アンド・ロス・ステートメント）視点とBS（バランス・シート）視点

　デジタルマーケティングの効果測定は、慣習的に「ダイレクトレスポンス」と「ブランディング」に分けて考えられてきました。ダイレクトレスポンスは効果測定が容易だが、ブランディングの効果測定は難しい、などというのが一般論です。しかし、ブランディングという言葉は変幻自在で、明確に定

義するのは困難です。例えば、花粉症の患者が「花粉症」でウェブ検索した際に、SEA でとある OTC 医薬品の抗ヒスタミン剤を「認知」したとします。その直後に検索履歴ターゲティングで表示された同商品のバナー広告を、検索広告で獲得した認知が強力なサポートとなって当見込み客がクリックし、そのまま EC サイトから当該商品を購入したとします。この場合、上記「検索広告」は「認知」を獲得したのでブランディングでしょうか、最終的に売上につながったのでダイレクトレスポンスでしょうか。ブランディングだと言う人もいれば、ダイレクトレスポンスだと言う人もいるでしょう。ここは明確には切り分けられないですし、切り分けられたとしても以下で説明する通りあまり意味がありません。

　例えば購入チャネルが先ほどの例のように EC の場合、最終的なコンバージョンを「フラグ立て」できれば、これらタッチポイントの売上に対する貢献度は、全て「アトリビューション分析」という形で可視化できます。アトリビューション分析とは、購入の直接の引き金となった（最後に接触した）広告以外の接触もトラックして、一定のルールに従いそれら全ての貢献度を数値化して、それぞれの費用対効果（ROAS）を明確にする分析手法です。さらには、最終的な購入チャネルが実店舗の場合でも、このアトリビューション分析を可能にする方法があります。これらの詳細は後ほど説明しますが、最終的な「販売」に対する貢献度を全てのタッチポイントで明確にすることが目的で、それがアトリビューション分析という形で可能なのであれば、どこからどこまでがブランディングで、どこからどこまでがダイレクトレスポンスなのかを明確に区切ることは、たとえできたとしてもあまり意味がありません。

　一方で、こと「ブランディング」には PL 的な指標では測りきれない側面もあります。認知、好意度、ブランドイメージなどの「ブランド資産」は、例え適切にメンテナンスされずに野ざらし状態で放置されていたとしても、一会計年度で全てなくなってしまうようなものではありません。1970 年代以前生まれの人は覚えていると思いますが、バブル経済前夜の 80 年代中頃

には「スイミー」という錦鯉の餌のテレビ CM が頻繁にオンエアされていました。いろいろな意味で隔世の感を覚えますが、そのテレビ CM はおそらく当時のスイミーの売上を後押しはしたものの、そのようなニッチな商材ではそれだけで投資を回収できたとはとても考えづらいです。PL 視点だけで見れば、投資は失敗ということになるのかもしれません。しかし、オンエアから 30 年以上経った現在においても、テレビ CM に接触した筆者のようなオーディエンスは、「スイミー」のブランド名を認知し、「魚の餌としては老舗で信頼できそうだ」というイメージを持っているのです。これはれっきとした資産で、メーカーは例えばそのブランド名を使って熱帯魚の餌をはじめとしたペットケアのブランドを立ち上げることもできるわけです。実際にスイミーと同じ時期に人気を博した「ティモテ」というブランドを、ユニリーバ・ジャパンは 2013 年に復刻しました。シャンプーの処方は当然当時とは全く異なるでしょうから、これはまだ残っているブランド資産があるならそれを活用しよう、という戦略であったはずです。実際にブランド資産を BS に計上することは、「のれん代」という企業買収における特別なケースを除いてはできないですが、ブランド資産や CRM 活動がもたらす顧客ロイヤリティは、資産となって一会計年度をまたぎ（PL をまたぎ）ビジネスに貢献してくれることは確かです。このような資産構築を目的に行ったマーケティング活用を売上など PL 的な指標をもってのみ評価しようとすると、例えばホテル経営者が新設したホテルの投資をその年のうちに回収しようとするような無理難題になってしまいます。ここには PL 視点とは全く別の効果測定が必要です。

　以上のことをまとめたのが次頁の図です。ここでは「新規顧客向け」「既存顧客向け」という軸も入れて、CRM も合わせ各領域のオーバーラップを整理しています。「販売促進」「CRM」「ブランディング」はそれぞれ重複する領域を抱えています。例えば、「既存優良顧客に対して閉店後に店を開放し希少なワインの特別試飲会を行う。KPI はその後のワイン即売会の売上と当ワインショップのイメージアップ」というような活動は「販売促進」「CRM」「ブランディング」全ての交差点と言えます。

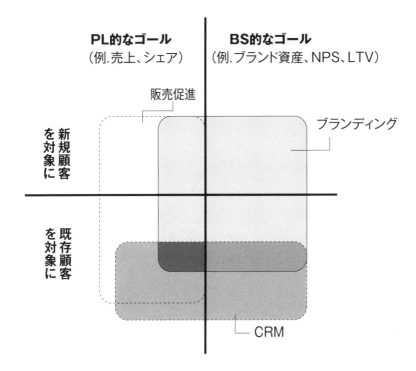

　上記の図からもわかる通り、「PL的な投資」と「BS的な投資」にはオーバーラップがありません。1つの投資、キャンペーンがPL、BS両方の目的を持っているケースは多いですが、その場合はそれぞれの効果測定を別々に行います。新設したホテルが当期の売上にもたらすPL的な貢献と、資産目録にもたらすBS的な価値をそれぞれ計測し、それらを足し合わせて投資の効果を評価します。オーバーラップがないため、足し合わせで考えることができるのです。

　前者「PL的な視点の効果測定」の場合、究極的にはアトリビューション分析が100%適切であれば、広告ごとの売上に対する貢献度が一覧で数値化できるので、いわゆる**「ブランドリフト」**などをわざわざトラックする必要はありません。逆に、例えばウェブ動画やそこにユーザーを誘導するペイドパブリシティが、実際どの程度の認知を獲得したのかをブランドリフト調

査でつまびらかにしても、それが売上にどの程度貢献したのかはやはり明らかにできず、1つのものさしで費用対効果を測ることはできません。最終的な目的をBS的な資産の構築ではなくPL的な当期の売上に置く場合の効果測定は、アトリビューション分析をベースに考えていくべきです。

　一方でBS的な資産の構築を最終的な目的とする場合は、コンバージョンが上がった、上がらないという単純な「フラグ立て」ができず、フラグが立っている人の共通因子を見つけていくアトリビューション分析のフレームワークが活用できません。ここは別の手法を使って明らかにしていかなくてはなりません。

　これ以降「PL的な視点の効果測定」「BS的な視点の効果測定」のそれぞれについて、具体的にどのように分析を進めていくのかを解説していきます。どちらの視点の効果測定を行うかは、皆さんの組織で「マーケティング」や「ブランディング」がどう捉えられているかによって決定させるべきでしょう。「認知」や「ブランドイメージ」と言っても、あくまで当期の売上やシェアから逆算したものなのか（例.このシェアを獲得するには、認知が〇〇、ペネトレーション：浸透度が〇〇、リピートが〇〇だけ必要）、それらをもっと長い目で見た資産として捉えられているのか。「両方」という場合も多いでしょうが、必ずどちらかに軸足があります。軸足を確認すると同時に、両方大事なのはわかったけれども効果測定としてはどうしていくのか、という優先順位を明確にしましょう。上記の議論を踏まえた上で、どちらの視点で効果測定を行うか、社内で合意を形成しておきましょう。

4.7.2 効果測定各論

広告主が理解しておくべき4種類の効果測定

　これまでは、デジタルマーケティングにおける2種類の効果測定について説明してきました。ここからは、その2種類をさらに各2種類に細分化した合計4種類の効果測定について、具体的に例を挙げながら解説していきます。

- PL 的な視点の効果測定
  - デジタルに閉じたキャンペーンの効果測定
  - 実店舗上のコンバージョンをゴールとしたキャンペーンの効果測定
- BS 的な視点の効果測定
  - キャンペーン単位での ROAS を分析する
  - 年間を通じて、どのメディアがもっとも効果があったか？を明確にする

　実際の分析作業はエージェンシーに依頼し実施することも多いと思いますが、ツールの導入・設定や前提条件の整備など、広告主側の todo も多いのが効果測定です。複数のエージェンシーや調査会社を、広告主が先頭に立って指揮していかなくてはならない場合もあります。また、分析作業の細かい指示をするにあたっても、提出されたレポートを精査する際に分析のクオリティーや妥当性をチェックする意味でも、加えて「ごまかしがきかない」という抑止力を担保するためにも、広告主は須くそれぞれの分析の詳細を理解しておく必要があります。

■ PL 的な視点の効果測定
ーデジタルに閉じたキャンペーンの効果測定

　EC の売上やオンライン上での会員登録、キャンペーン応募など、デジタル上で完結するキャンペーンの効果測定は、アトリビューション分析で確実に各タッチポイントの「貢献度」をつまびらかにできます。例えば、ある見込み客がバナー A を閲覧して商品を認知、バナー B をクリックして商品の詳細を知り興味を持って、商品名で検索した上で検索広告経由で EC サイトを訪問、リターゲティングのバナー C を閲覧・クリックして EC サイトに再訪し、最終的に購入に至ったような場合。通常のコンバージョン分析では、最後に仕事をしたバナー C が手柄を独り占めしてしまいますが、アトリビューション分析を用いれば、バナー A、バナー B、並びに検索エンジン広告のコンバージョン＝購入に対する貢献度もそれぞれ明らかにできます。これ

により、各タッチポイントの「認知獲得」や「興味獲得」などのブランディング的な貢献も定量的に、かつ最終的な購入との関連性の中で理解することができます。アトリビューション分析を行う上で専門的な分析ツールの導入は必ずしも必要ではなく、無料のものも含め広く使われているウェブ解析ツールにアトリビューション分析ができる機能が搭載されています。

	1/4点 バナー A	1/4点 バナー B	1/4点 SEA	1/4点 バナーC (リターゲティング)
アクション	閲覧	クリック ↓ 商品紹介 サイト訪問	クリック ↓ ECサイト訪問	クリック ↓ ECサイトで購入
態度変容	認知	興味	購入意向	購入
通常の CV分析	0点	0点	0点	0点
アトリビュー ション分析	1/4点	1/4点	1/4点	1/4点

　アトリビューション分析では、リンクに計測用のパラメーターを設定すれば、広告のみならず自社ウェブサイトの訪問や自社ウェブサイト上の特定のアクションも分析に組み込むことができます。例えば、新車のローンチ特設サイトに、コンテンツとしてモータージャーナリストのレビュー動画を作成し設置したとします。広告にも投下することができた予算を、コンテンツの作成に利用したわけですから、このスペシャルコンテンツと広告のどちらがより販売に貢献したのかは、とても気になるところです。このとき、当該動画コンテンツへのリンクに分析用のパラメーターを設定しておけば、アトリ

ビューション分析の中に広告と並列させる形でそのコンテンツの効果測定も組み込むことができます。

アトリビューション分析は決して新しい技術ではないので、すでに発展をとげており無料のウェブ解析ツールでもかなり高度な分析ができます。一方でウェブ解析ツールだけでは限界もあり、クリックベースのデータしか分析することができません。この例でいうと、「閲覧しただけでクリックはしていない」バナー A の貢献度は分析できないことになります。それを実現するには、3PAS を導入する必要があります。3PAS は、4.5.1「なぜ広告主にメディアの知識が必要か？」でも解説していますが、バナー広告などの配信を専用のアドサーバー経由に一元化することで、主に以下を実現することができるツールです。

効果測定	・バナー広告・動画広告の「表示」ベースでの効果測定を実現する ・コンバージョンの重複を排除して正確な効果測定を実現する
入稿	・広告クリエイティブの管理を一元化する
配信管理	・ユーザーごとのフリークエンシーの管理をより厳密に行う ・不正行為の管理をより厳密に行う

これに検索エンジン広告の入稿や入札などを管理する検索広告管理ツールを加えると、さらにバナー広告や動画広告を閲覧したのちに特定のワードを検索したかどうか（VTS：ビュー・スルー・サーチ）を計測できるようになります。VTS は、特に動画広告を評価する際に役立つ指標で、最終的なコンバージョンがまだ少なく各広告のアトリビューションがはっきりしないタイミングでも、動画広告などビュースルー型広告の効果を中間報告的に教えてくれます。

以をまとめると、以下の３つの組み合わせが、アトリビューション分析をする際のもっとも充実したセットアップとなります。

• 3PAS

- ウェブ解析ツール
- 検索エンジン広告管理ツール

　その上で、前述の通り自社サイト内のコンテンツの貢献度も分析できるセットアップ（パラメーターの設置）を行えば、全ての広告・全てのコンテンツについて、クリックベース・閲覧ベース両方のアトリビューション分析が行えるようになるのです。

	クリックベース		閲覧ベース		VTS
	アド	自社メディアコンテンツ	アド	自社メディアコンテンツ	
1.ウェブ解析ツール					
2.1＋自社サイトコンテンツ分析のセットアップ					
3.2＋3PAS					
4.3＋検索エンジン広告管理ツール					

　ウェブ解析ツールに搭載されている機能を使ってアトリビューション分析を行う際、活用できる「アトリビューションモデル」はあらかじめツールにセットされているものに限定されてしまいます。アトリビューションモデルとは、いくつかクリックしたり閲覧したりしたタッチポイントのどれをどのくらい重視するか、というルール設定です。例えば「リニア」というモデルでは、全てのタッチポイントを平等に評価します。「ファーストクリック」というモデルでは、最初にクリックされたバナーをもっとも重視し、その他

は均等に評価します。「タイムディケイ」というモデルでは、前半のタッチポイントをより評価し、後半になればなるほど評価のポイントを落としていきます。

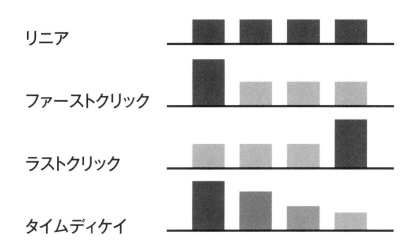

これらアトリビューションモデルの選び方は、その商品における購入者のカスタマージャーニーに依存します。例えば、競合商品がひしめきあっており認知から購入までのプロセスが短い商材では、最初の認知獲得がビジネスの雌雄を決します。そのような場合はファーストクリックモデルを採用するのが妥当でしょう。同じような競合状況でも認知から購入までのプロセスが長い商材では、認知を取ったあとに購入までの橋渡しをする広告も相応に評価されるべきなので、ファーストクリックされた広告を頂点に階段状に評価を下げていくタイムディケイというモデルがより適切です。

このようなモデリングをもっと細かく設定していきたい、ということであれば、ローデータをダウンロードして、自前で（あるいはそこだけアウトソースして）分析を行うという手段もあります。アウトソースする場合、ツールの設定はサイト制作会社にお願いし分析だけデータ分析の専門家にお願いするにしても、ツール設定の段階からデータ分析の専門家に入ってもらい、

取得できるデータの種類や形状についてすり合わせをしておくことが必要です。ウェブ解析ツールに組み込まれている分析ツールを利用する場合のデメリットは、分析の手法や種類がブラックボックスになってしまうことです。たくさんの変数が持つ特定の結果への影響を分析する「多変量解析」にはいろいろな種類があり、相関関係だけを見るもの（例．○○の習慣がある人には○○という病気になる人が多い）から因果関係までを突きとめるもの（例．○○の習慣と○○という病気には○○という因果関係がある）まで様々です。このあたりの説明責任まで社内で求められる場合は、分析をツール任せにせずに独自に行う必要があります。

　いずれにせよ注意が必要なのは、1. 必ず今回投資の対象としたもののみを比較することと、2. 最終的なコンバージョンのステップを分解したに過ぎないものや、最終的なコンバージョンと並列の関係にあるものは分析の対象としないことです。後者の例としては、価格のシミュレーションをしてから購入するという流れが一般的な商材で、価格のシミュレーションの購入に対する貢献度を見ても、それは高いに決まっています。また、例えばトライアル品の購入と正規品の購入は、まずはトライアルユーザーになってもらいそこから正規ユーザーに引き上げるという勝ちパターンがあったとしても、いきなり正規品から始めるという選択肢がある以上これらは並列の関係にあります。自社サイト上のコンテンツについてアトリビューション分析を行う場合は、まずそういったノイズになりうる要素をとり除いた上で分析する必要があります。前者の「投資の対象としたもののみを比較する」というポイントに関しては、例えば自社サイトのコンバージョン導線上に動画コンテンツがあり、それは1年前に巨額を投じて作成したあと、追加の投資で何回もメンテナンスされているとします。そうなると今回の投資とは前提が異なるのと、正確な投資額が把握できないので、今回の他の投資対象とはアップル・トゥー・オレンジの比較になってしまいます。

■ PL 的な視点の効果測定
ー実店舗上のコンバージョンをゴールとしたキャンペーンの効果測定

アトリビューション分析をさらに拡張させ、実店舗における来店や購入を
コンバージョンポイントとする効果測定、さらにはアトリビューション分析
も、システムのセットアップを工夫すれば一定の条件のもと可能です。アト
リビューション分析は一旦脇に置いておくとして、デジタル広告の実店舗で
のコンバージョンを計測する方法には以下のバリエーションがあります。

- モバイル端末の物理的な移動を利用する
  - ビーコンとの接触をフックとしたコンバージョン発火
  - 位置情報と地図情報を利用したコンバージョン発火
- 既存の実名データベースを利用する
  - 調査会社のパネル情報を利用
  - 自社の CRM データベースをクッキーデータと紐付け

モバイル端末の物理的な移動を利用する
ービーコンとの接触をフックとしたコンバージョン発火

このテクノロジーは、店舗にビーコンを設置し、その近くを通った端末
を認識して、それが広告接触ユーザーであった場合にコンバージョンを発
火させるというものです。確実に来店などを計測できますが、ユーザーが
Bluetooth をオンにしており、かつビーコンを使ったサービスの利用を自ら
表明している必要があるなど、現時点ではハードルが高い前提条件がいくつ
かあります。提供ベンダーが交通系情報アプリや天気予報などのアプリ業者
にお金を支払い、アプリインストール時にオプトイン（同意）をとってもら
って、アプリ起動時もしくは起動していなくてもバックグラウンドでデータ
を送信して（どちらを選ぶかはベンダーとアプリ業者の契約条件次第）コン
バージョンを発火させるというソリューションもあります。これだとユーザ
ー側のハードルはありませんが、ベンダーが提携しているアプリの利用者に
はそれでもやはり限りがあります。

モバイル端末の物理的な移動を利用する

－位置情報と地図情報を利用したコンバージョン発火

　携帯電話の基地局情報やGPS、Wi-Fiの受信状況などを分析してオーディエンス（の持っている携帯端末）の位置を特定します。その上で地図上にあらかじめコンバージョンポイントとして設定しておいた地点にオーディエンスが到達するとコンバージョンを発火させる、という仕組みです。GPSとWi-Fiの受信状況を掛け合わせて分析することで、ビルの中の階数などを含めたかなり正確な位置を特定できるようになってきていることから、現在主流になりつつある計測方法です。

既存の実名データベースを利用する

－調査会社のパネル情報を利用

　古くから存在するやり方です。調査会社が持つマルチチャネルトラッキング専用のリサーチパネルから自社商品の購入者をスクリーニングして、それをリサーチ会社が別途トラックしているデジタル広告の接触データと付け合わせます。パネルには商品の購入状況のほか、オンライン以外のメディア接触もアンケートで定期的に聞いているので、ここにさらにオフラインのメディアも掛け合わせた分析が可能です。個人の特定に関してはもっとも確実ですが、アンケート回答の正確性と調査対象の少なさが大きなネックです。日用品や飲料であればそれほど問題はありませんが、購入者の出現率が少ない自動車などの商材では、分析するに足る調査対象が集まらない可能性があります。

既存の実名データベースを利用する

－自社のCRMデータベースをクッキーデータと紐付け

　これまでに紹介した3つのメソッドは、分析の対象とできるメディアがかなり限定的で、複数のメディアを横断した分析、ましてやアトリビューション分析などはまだ実現不可能なのが現状です。それに対して、このメソッドであれば、複数のメディアを横断し、かつ自社サイトのコンテンツへの接触なども加味したアトリビューション分析が可能です。基本的なセットアッ

プはデジタルに閉じたケースのアトリビューション分析と一緒です。

	クリックベース		閲覧ベース		VTS
	アド	自社メディアコンテンツ	アド	自社メディアコンテンツ	
1.ウェブ解析ツール					
2.1+自社サイトコンテンツ分析のセットアップ					
3.2+3PAS					
4.3+検索エンジン広告管理ツール					

　分析を進めていくには、バナーや動画のビュースルーも含めて分析していくならこちらの表の3.がまず前提となります。その上で、自社のCRMデータベース上に蓄積されている実購入や来店のデータ、例えばポイントカードなどの利用データを、ブラウザクッキーのデータベースであるDMPと突合させます。それゆえ、自社で管理する独自のDMPであるプライベードDMPの設計も必須の条件となってきます。要するに、実名データであるCRMデータベース上のデータ（メールアドレス、住所など）と、匿名データであるDMP上のクッキーデータを紐付けるわけなので、個人情報保護方針などの調整も必要です。しかる後に、実店舗でのコンバージョンが発火したクッキーのリストを、ウェブ解析ツールに投入します。あとはアトリビューション分析と全く同様です。結合したデータを分析にかける際、ローデータをもとに一からテーラーメイドで分析をかけていってもいいでしょう。

実際の紐付けをどのように行うのか、という点ですが、3.3「マーケティングツール投資の計画を立てる」でも解説した通りこれはかなり地道なプロセスです。まずはメールマガジンにパラメーターのついたリンクを仕込んでおき、繰り返しメールマガジンを配信して、なるべく多くの会員にそのリンクをクリックしてもらうことで、DMP 側に「このクッキーの利用者は CRM データベース上で言うとこの人です」といった情報を引き渡します。大多数とみなせる一定の割合（70% など）に到達するまでには、一定の時間を要する点に注意が必要です。多くの人が興味を持ちそうな魅力的なプレゼントキャンペーンなどを実施し、その人身御供的なリンクにパラメーターを付与しておいて、紐付けを一気に進めるのもよく使われる手法です。この紐付けはコンバージョンの発生の前後いずれにおいても可能です。

　この方法の弱点は、商談情報をセールススタッフが手入力している場合などは CRM データベースに常に正しいデータが反映されているとは限らない、ということと、紐付けに時間がかかること、及びセットアップが複雑で前提となるシステムが多いためコストがかさんでしまうことです。また、根本的な問題として購入者の実名データベースを広告主が管理している必要があります。車や携帯電話など登録が必要な商材であれば難易度は低いですが、日用品などはほぼ不可能でしょう。実現が不可能な商材では、購入者の実名が把握可能な自社 EC サイトを活用し、オンラインで閉じたアトリビューション分析を行って、その結果をリアル店舗での購入にも拡大解釈するという考え方があります。ここで説明したシステムのセットアップができていれば、コンバージョンタグの埋め込みなどは不要で、要は紐付けのための E メールが送れればよいので、購入者のデータを共有してもらえるのであれば、EC サイトは自社 EC である必要は必ずしもありません。

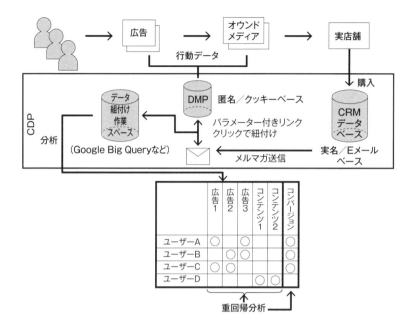

■ BS 的な視点の効果測定
ーキャンペーン単位での ROAS を分析する

　PL 的な視点での効果測定では、投資対効果の「効果」サイドで最終的には売上という 1 つの指標を起点に、コンバージョンが上がった、上がらないというフラグ立てができたので、「投資」サイドを細かく掘り下げて分析していくアトリビューション分析が活用できました。BS 的な視点の効果測定は、「効果」サイドがより複雑です。ブランド資産の評価軸はダイアモンドのように多角的で、かつそれぞれの軸は認知以外は「あるかないか」ではなく尺度の問題なので、売上のように 0 か 1 かで表現できるものではありません。それゆえ、フラグが立っている人の共通因子を「投資」サイドのアイテムから見つけてそれらを細かく評価していくアトリビューション分析のようなことはできず、投資を全体として捉えたときにそれがどれだけ効果に結びついているか、という評価をしていくことになります。

　前提となるのは定期的な **BTS**（ブランド・トラッキング・サーベイ）です。

BTS は、リサーチパネルにアンケート（クエスチョネア）を送付して行う「サーベイ調査」で、**助成想起**、純粋想起、好意度、購入意向、推奨意向、ブランドイメージなどの指標を定点観測することで、施策の効果やブランドの健康状態を図るものです。定期的、というのは、理想的には一週間単位です。

　BTS は、通常調査会社などにお願いして実施することになりますが、それを１週間、２週間などの単位で実施するには膨大なコストがかかります。消費財などターゲットのボリュームが多いカテゴリーでは、調査会社が複数ブランドにまたがった共通の調査を自主的に企画・実施してデータを外販していたりしているのでそれを活用することができますが、それ以外のカテゴリーでは、安価に実施できるセルフサービス型のインターネット調査サービスなどを活用します。こういった簡易調査サービスは、安価で小回りが利きますが、そのトレードオフとして当然データの質や柔軟性には妥協をしなくてはなりません。また、広告のようにフリークエンシーの管理ができないため、特に調査をかけたい対象がニッチなグループの場合、同じ人に何度も調査があたってしまうというリスクがあります。その場合はブランドセーフティーの観点から、２週間ごと、１ヶ月ごとなど取得期間を調整するようにしましょう。

　このフレームワークでは、キャンペーンを実施している期間と実施していない期間の数値を単純に比較します。なんだそんなことか、と思われるかもしれませんが、これがそれほど簡単なことではありません。例えば、マーケティング部門全体のもっとも重要なブランド指標が「純粋想起」だったとします。まずはこの純粋想起がキャンペーン期間中にどれだけ伸びたのかを確認しますが、それを把握するには比較対象が必要です。この比較対象をコントロールと呼びますが、キャンペーン期間と、キャンペーンとして実施していること以外は全て同じ条件を揃える必要があります。値引きなどの有無、別の広告の有無、品揃え、調査期間はもちろんのことながら調査の方法まで全ての要素を揃えて初めて比較が成り立ちます。以下の図では、第５週から第９週までのキャンペーン期間に対して、第１週から第５週までの期間をコントロールとしています。

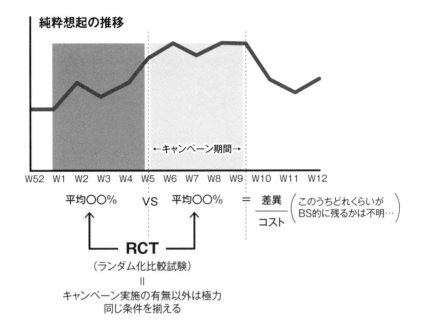

　実際のところは、全ての条件を100%完全に同じにすることは不可能でしょう。どこかのメディアが不意に自社商品をとり上げていないとも限らないですし、実店舗への来店などは天気などにも時に大きく左右されます。その意味では、決して統計学的にオーセンティックなやり方ではありませんが、何もデータをもたない状態で意思決定するよりははるかに合理的です。

　実施期間とコントロールの「純粋想起」伸び率がそれぞれ把握できたら、その差異を求めます。その差異をコストで割ったものがROASです。この数字は、コスト単位あたりいくらの純粋想起アップリフトがあったのか、ということを意味します。スタンドアローン（独立型）ではあまり意味がなく、過去のキャンペーンとの比較で参照されるべき数字です。また、ブランド指標は必ず常に数字が上下していますし、キャンペーン中に一時上層してその後また元に戻ってしまう、ということも多々あります。この増分が全てブランド資産として定着するわけではありませんが、この増分が多い場合にはブ

ランド資産として定着する分も多い、という推定のもとこれをBS視点の効果測定と考えます。

■ BS的な視点の効果測定
一年間を通じて、どのメディアがもっとも効果があったか?を明確にする

　週ごと（隔週／月ごと）に取得するBTSのデータは、同じく週ごと（隔週／月ごと）に取得できる広告やコンテンツ閲覧のデータとの相関関係を見るのにも役立ちます。例えば、同じく純粋想起が部署の最重要KPIだった場合、以下の図のように主要な広告・コンテンツ系のパフォーマンスとの相関を見ることで、どの数値を上げればもっとも純粋想起を上げることができる可能性が高いかを推測します。相関分析は、エクセルの「分析ツール」で簡単に実施できます。分析結果は、相関係数という−1から+1の範囲の数字で示され、散布図にすると+1のときに右上がりの直線（リニア）になります。数字が±1に近いほど、散布図の形状は直線に近づきます。

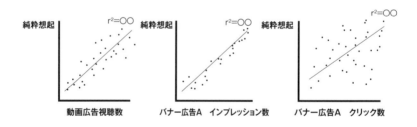

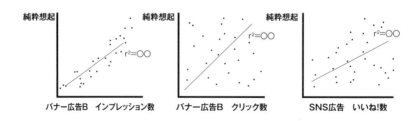

　相関関係を見るべき数値は無数にあるので、ここには「総論」で説明した「仮

設の立案」がぜひとも必要です。例えば、純粋想起を上げるには、接触の強さより頻度が重要なのではないか、という仮説を立てます。EC サイトなどが毎日のようにメールマガジンを配信するのは、例え開かれなくても毎日名前を目にすることで、いざ何かを買おうと思ったときに「一応あそこも見てみよう」と想起させる効果を狙っているのかもしれません。すると、例えばリターゲティング広告の表示数などが純粋想起と相関していそうだ、という仮説が成り立ちます。

　一方、例えば検索エンジン広告の表示数やクリック数は、そもそもそのブランドを純粋想起しない人はブランド名で検索はしないので、相関関係という意味では必然的に高くなるでしょう。相関関係は因果関係を必ずしも示すものではないので、これは分析していく上でノイズになります。そういったものは比較対象から外しましょう。

　このようなプロセスを経て出来上がったリストのアイテムを、片っ端から相関分析にかけていきます。期間が長ければ（データの数が多ければ）その分データの信憑性は増します。キャンペーンなどで投資のボリュームが大きく変わるタイミングを何回かカバーしたいので、1 年は担保できると望ましいです。分析会社にお願いして、アトリビューション分析で説明したような多変量解析を実施してみる、という手もありますが、購入フラグが立っている人の共通因子は何か、という分析と比べ、変動しているものが別の変動しているものたちとどう関係しているのか、ということをつまびらかにする必要があるので、とても難易度が高く実現性が低いです。

章末コラム

カスタマージャーニーよさらば

「いやぁ、こんなバナー、お客さんクリックすると思う？ え、クリックが目的じゃない？ じゃあ何なのよ。ブランド認知？ このバナーで認知をとって、あとから検索させる？ そうしたら検索広告はどうなってんの？ これの承認もらえたら考える？ あのさぁ、まずカスタマージャーニーを描こうよ。全体のシナリオがないと個々のパートのぜひは判断できないじゃない。」

そんなクライアント、あるいはボスの一言から、カスタマージャーニーをめぐる我々の旅はスタートします。しかし、その旅は幻の白鯨「モビー・ディック」を巡るピークォド号の死の航海のごとしです。喧々諤々の議論の末、ジャーニーはどうにかでき上がるわけですが、何となくみんなしっくりきません。スターバック一等航海士（余談ですがスタバの語源）は航路に不安を覚えています。銛打ちのクイークェグは食料を心配しています。そしてしまいには、狂気のエイハブ船長がこんなことを言い出します。

"It is not down on any map; true places never are!（それは地図などには載っていない。真実の場所はいつだって！）*"*

カスタマージャーニーは、ターゲット顧客に対して、1. どんなタイミングで、2. どんなタッチポイントで、3. どんな態度変容を起こすのか、をデザインするものですが、細かく見ていけば通常１つのタッチポイントが複数の役割（態度変容）を担っているものです。

木を見る視点（個別最適）ではなく、森を見る視点（全体最適）なので、関係者全員が100％しっくりくるものは、そもそも期待する由もないのかもしれません。ジャーニー自体の効果測定ができない、キャンペーンがうまくいった（失敗した）として、それがジャーニーのおかげ（せい）なのかど

うかが判然としない、といったことも、そんな"しっくりこない感"を助長
します。

　しかし、カスタマージャーニーに対して、いつも感じるこのしっくりこな
い感には、全体最適の罠や効果測定の難しさの他に、何かもっと別の本質的
な正体があるような気がしていました。第一に、企業側がお客様のジャーニ
ーを（調査に基づいていたとしても、ある意味勝手に）デザインする、とい
うことに違和感があります。また、ジャーニー設計の起点になる「タッチポ
イント」という考え方。単に感覚器官の一部で、半ば無意識に「タッチ」し
ているだけでは、必ずしもそのブランドを「体験」しているとは限りません。
また、ジャーニーを設計し、それに基づいて打ち手を考えた結果、結局はい
つもの規定演技になってしまうことがとても多い。規定演技というものは、
先人が知恵を絞って考え、実験を繰り返してきた苦労の賜物なので、やはり
実際よくできていたりもします。

　そんな試行錯誤の中で、いろいろな人と議論をしながら、カスタマージャ
ーニーに代わるもの、あるいはそれを補完するものとして、「カスタマーエ
クスペリエンスダイアリー（CxD）」という新しいフレームワークを考案し
ました。

　だいぶ前置きが長くなりましたが、今回のコラムの本題は、実はこちらを
皆さんに紹介することです。

　まず、「カスタマージャーニー」と「カスタマーエクスペリエンスダイア
リー」の対比関係をご覧ください。

カスタマージャーニー （CJ）	カスタマーエクスペリエンスダイアリー （CxD）
企業がデザイン	顧客が起点
「タッチポイント」に注目	「エクスペリエンス」に注目
メディアプラン （既存のメディアミックス） を考える	メディア自体を創造する
キャンペーン単体が前提	長期のブランドアセット構築が前提

　一言で言うと、CxD とはターゲット顧客が 1 日に経験する「ブランド体験」を、全て時系列で並べて一覧化したものです。調査に基づくのが理想ですが、身近な近しい人にヒアリングしつつ、残りを想像で埋めていくだけでも十分に発見があります。

　例えば、朝、駅に着いてグレゴリーのリュックから定期パスをとり出す。チャックを開くざっくりとした感覚がとても心地よい。これはブランド体験です。会社に着いて、シアトルのスタバ 1 号店で買ったオリジナルマグカップに、Nespresso で淹れたエスプレッソを注ぐ。横で同じくコーヒーを淹れていた同僚がマグカップに関心を示したので、購入したときのストーリーを語る。この数分の間に、2 つのブランドに対して 2 人の消費者に、合計 4 つのブランド体験が生まれています。

　CxD では、このようにブランド体験を時系列に書き出していきます。それぞれの体験には、対象となるブランドと、その体験がポジかネガか、体験の強さ、同一ブランドが複数登場する場合はその日の累積回数をそれぞれ記録していきます。強さの基準は次の 4 段階です。

1. その体験を人に話す
2. ブランドも体験も意識（ex. ナイキのスニーカーの紐を結ぶ）
3. 体験のみ意識、ブランドはほぼ無意識（ex. ○○で歯磨きをする）
4. 体験もブランドもほぼ無意識（ex. 窓を開け閉めする）

　何回かこのエクササイズを繰り返すことで、ターゲットにおいて強いブランド体験が集積される一定の条件のようなものが見えてきます。ブランド体験の弱いケースの、身近な例としては、牛乳を飲む（身体に入れる）といったことを想像するとわかりやすいでしょう。

　牛乳を飲むというのは、凄まじく物理的に強度の高い接触であるにもかかわらず、特定の牛乳ブランドに対するブランド体験はそう強くないケースも多々あります。牛乳に限らず、日常的に接触の多い、飲料・食品・日用消費財といった商材ではこうした傾向がみられます。

　また、メディアによりもたらされるブランド体験が、強さや頻度において、1日に経験されるその他全てのブランド体験と比べ、どのような位置にあるのか、その相対値のようなものもわかってきます。これまでマーケターが注目してきたメディア同士の相対値ではなく、メディア接触と、例えば「スタバのマグカップ」の相対値として。

　スタバの初代のロゴが入ったマグカップの話を、シアトルの1号店を訪れた同僚から聞く、というブランド体験、あるいはそれを語って聞かせ、同僚に感心されるというブランド体験は、例えば別のコーヒーチェーン店の交通広告を目にするのと比べ、いかほどの強さがあるでしょうか。そこで集積されるブランド体験の強さ、濃さを考えると、このコンテクストにおけるマグカップは非常に強力なメディアなのです。

　企業がデザインし、タッチポイントに注目し、既存のメディアを組み合わせるのではなく、顧客を起点とし、エクスペリエンスに注目し、メディアそのものを作る。

　それがカスタマーエクスペリエンスダイアリーの考え方です。そこから導

かれる打ち手としては、1. 深いブランド体験が生まれる一定の条件を分析し、既存のメディアやイベントなどの手段を使う場合でも、その文脈上でコミュニケーションをしていく。　2. 浮かび上がってきた強いブランド体験の媒介物（例えばマグカップ）を、新しいメディアとして捉えていく、という2点が基本ですが、何より数時間の作業と議論が、顧客のブランド体験に対する考え方のコペルニクス的転回をしてくれることこそ、CxD作成の一番の効用でしょう。

　最後に余談ですが、このコラムに何回も出てくるスタバのマグカップ、実際に同僚が持っています。

　スタバのロゴでお馴染みの髪の長い女神「セイレーン」が、胸をはだけた姿で描かれているちょっと過激な意匠は、かのコーヒーショップの最初期のロゴだそうです。このセイレーン、美しい歌声で遠洋を航海する船乗りを誘惑するギリシア神話の女神で、ユリシーズがその誘惑を断ち切ったことでも有名ですが、実は彼女もメルヴィルの「白鯨」に登場します。

　思えば「カスタマージャーニー」とは、このセイレーンの歌声のごとく不思議な魅力を持った言葉です。その魅力ゆえ言葉が一人歩きし、How論ばかりが先行している印象です。イメージ検索でよさそうなフォーマットを見つけ、とりあえずこれで作ってみよう、などということも多いのではないでしょうか。

　CxDはまだあまり体系化されていない、生まれたばかりのフレームワークなので、ご賛同いただける方とのオープンな勉強会などを通じて、必要性の本質そのものから議論と理解を深めていければと考えています。

5章

人材管理
・
社内調整

5.1

採用・教育

デジタルマーケティング人材の圧倒的な不足

インターネットの登場によるメディア環境の変化があまりに地滑り的に起きたため、それを活用してビジネスを行う側の広告界の変化はそれにリニアに対応できていない状況が続いています。特に雇用の流動性が低い日本企業は、このような変化に対応することが得意ではありません。デジタルマーケティング人材は、広告主・エージェンシーの双方で圧倒的に不足しています。広告主側ではジョブローテーション制が災いして、デジタルマーケティングに限らず専門的な人材が欧米企業に比べ育ちにくい、という問題があります。エージェンシー側では、役割が細分化されすぎており、「アフィリエイトマーケティング」「検索エンジン広告」のような特定のエリアの専門家は育ちますが、デジタルマーケティングをホリスティックに理解している人材がほとんどいないというのが課題です。デジタルマーケティングをホリスティックに理解した上で、それをマーケティング全体の中に位置づけて考えられる人材はほとんどユニコーンのような存在でしょう。しかし、企業が欲しがるデジタルマーケティング人材は、まさにこのような人材なのです。

そういった人材のプールは非常に小さいので、強い採用力・雇用者としてのブランドがないと、理想的な人を採用することはなかなかできません。リクルートキャリア社が発表した2017年11月末現在のデータによると、インターネット専門職の有効求人倍率は約6倍で、オフィスワーク事務職の約1.5倍、経営企画・事業企画・業務企画職の約2倍と比べ大幅に高くなっています。そうなると、トップ人材を採用できるHRマーケティングに長けた会社以外は、一定の経験と不足している経験を補う意欲やポテンシャルの高い人を採用して、その人を長い目で育成していくほかありません。それ

では、上記のような理想のデジタルマーケティング人材に求めるべき「ポテンシャル」とはどのようなものなのでしょうか。

デジタルマーケティング人材に求められるマインドセット

　基本的なマインドセットとしては、強い成長志向・グロースマインドセットが必要不可欠です。数ヶ月単位で新しいトレンドが生まれ、そのうちの1つが瞬く間に業界全体・社会全体を変えてしまうような世界で仕事をしていくので、常に学び続けるマインドセットはとてもに重要です。面接などでの質問では、普段どのように情報を収集しているか、最近注目しているトレンドは何でそれにどのような意見を持っているか、国内・海外で誰（どの会社）の動きに注目しているか、などを聞いて、反応やそのスピードを見るなどした上で、その人がどの程度グロースマインドセットを持っているかを確認しましょう。

　いろいろな分野を学際的につまみ食いする好奇心・思考の柔軟性も重要です。ウェブサイトを1つ構築するだけでも、プログラマーとデザイナー、ストラテジストなどといった全く異なる社会的トライブ（種族）の人たちをハンドリングする必要がありますが、まずはそれらの領域を管理するのに一定の知識が必要です。もちろん、例えばプログラマーをハンドリングするのに本人もプログラミングができる必要は必ずしもありませんが、一定の知識を持っていれば共感を得ることができると同時に、「私はよくわかっていますよ」という抑止力にも繋がります。加えて、学際的な好奇心はデジタルマーケティングで他社を出し抜くのに不可欠なイノベーションも誘発します。イーロン・マスクなど著名な起業家の中には、幼い頃に外国で育った人が多いというデータがありますが、異なる常識・異なる当たり前の掛け合わせが非連続なイノベーションを産むことは世の常です。面接などでは、デジタルマーケティングやマーケティング以外の領域で興味を持っていることを聞く、などをして学際的な好奇心・柔軟な思考力をチェックしましょう。

新しいノウハウやフレームワークを自ら構築していくクリエイティビティー、常にコンプレイセンシーに抗い続ける心構えも大事な要素です。コンプレイセンシーとは、「現状に満足してしまい変化を拒むさま」を意味する言葉です。常に変化しているデジタルマーケティングの世界では、既存のフレームワークはすぐに賞味期限切れしてしまいます。誰かが新しいフレームワークを作ってくれるのを待っているというスタンスでは、そのフレームワークが賞味期限切れしていることにすら気がつくことができません。グロースマインドセットで常に新しいトレンドにアンテナを張り、学際的な好奇心で常にイノベーションの土壌を整えつつ、呼吸をするかのごとく新しいノウハウや仕事の仕方、フレームワークを考案し続けることで、「我々は時代遅れになっていないか？」という自問自答を半ば自らに強制するくらいでないと、変化の早いデジタルマーケティングの世界ではコンプレイセンシーに抗うことはできません。面接などでは、「自分で考えた独自のノウハウやフレームワーク」を質問することで、この適性を見抜きましょう。

世界に目を向けて人材を探してみる

人材採用に関して、外国人の採用を検討するのも1つの手です。デジタルマーケティング人材は、これだけ興隆を見せる産業なので、広く世界を見渡せばたくさんいます。例えばヨーロッパの比較的小さい国の教育レベルの高い人たちは、そもそも自国では就職先が限られているので、国境をまたいで職探しをすることにあまり抵抗がありません。アジア諸国や北米にも、非常に優秀で日本で働くことに興味がある人は一定数いますので、世界中でビジネスを展開するヘッドハンティングファームや海外の現地法人などを通じて可能性を探ってみましょう。実際には、引越しの手配や特別な手当などに追加のコストがかかりますし、法務・労務管理の仕組みを一部変更しなくてはいけないことに加え、社内の受け入れ文化を醸成しなくてはいけないので、一朝一夕ではうまく機能しないことは確かです。ただ、すでにそうした準備を整えてグローバルに人材を採用している会社は世界中に存在するので、遅かれ早かれ対応していかないと国際競争が立ちいかなくなるでしょう。

5.2

社内調整

「デジタル与党時代」のデジタルマーケター

　ひと昔前は、デジタルマーケティング系のカンファレンスなどで、「社内をどう説得するか?」というような議論が活発に交わされていました。デジタルマーケティングは常に「野党」的な存在であり、自らの政策に信念を持っていながらも、それを実現するには与党の反乱分子の説得工作のようなものが必要でした。そのような現状は業種・業界によっては未だに根強く残りつつも、多くの業界で大きく潮目が変わってきています。前述の有効求人倍率の高さが示す通り、いまや経営レベルにもデジタルシフトの重要性が認識されています。消費者のメディア接触においてデジタル(PC、タブレット、スマートフォンによるインターネット利用)がマジョリティーになった今、デジタルは「与党」になりつつあります。デジタル予算がマス・ATL向けの予算を上回る広告主も少なくないでしょう。

　そうなると必要になってくるのは、デジタルマーケティング担当の与党としての心構えです。とにかく実現する、何か形にする、というだけでなく、結果を出す、結果に対して責任をとる、という心構え。ここでいう結果とはデジタルパートだけではなく、マス・ATLやBTLを含めたキャンペーン全体の結果です。本書の冒頭でも触れた通り、デジタルマーケティングとトラディショナルマーケティングを二元論で語るのは意味がない、という向きもあります。それは基礎理論としてはそうなのですが、臨床の理論としては現実的ではありません。企業のデジタルマーケティング担当や、デジタルマーケティングエージェンシーというのは現実問題として存在するからです。ただ、二元論で区別した上で、むしろデジタルマーケティングがその他を包含する、あるいはリードするというポジションをとることはできます。このよ

うな心構えが、デジタル与党時代のデジタルマーケターには必要です。キャンペーンの企画・作成プロセスにおいては全体をリードし、レポートにおいては全体の説明責任を引き受ける。マジョリティーなわけですから、与党なわけですから、それが当然の責任です。

　また、倫理観も必要です。エージェンシーやメディアの方とのコミュニケーションで、先方のデジタルマーケティング担当に対する接し方も野党自体とは大きく変わってくるはずです。広告主を代表して彼らと相対することになるわけですから、エンターテイメント・接待などにどのように応じるべきか、どのようにして彼らへの礼節やリスペクトを保つべきか、自ら進んで方針を策定して組織の上下にコミュニケーションを図るべきです。

　とはいっても、同時に販売や営業の現場レベルでは、まだデジタルへの不理解と戦っていかなくてはなりません。本社と販売の現場では、デジタルリテラシーに差があることもまだ多いでしょう。そういった部門からすると、デジタルはまだ「エイリアン」であったり、そうでなくても漫然としたコンプレイセンシーから新しいとり組みに抵抗を示すかもしれません。高い操舵室から遠くを見ている経営者と、目の前の大波小波をうまくいなさなくてはならない現場の視点の違いを吸収しなくてはならないのも、デジタルマーケティング担当なのです。大変な仕事であることは間違いありません。その全てを誰かが見ていてくれ、正当に評価してくれることなど望むべくもありません。その苦労は子供を育てる親のようでもあります。そう、デジタルマーケターという仕事はまだ生まれたばかりの赤ちゃんなので、我々が自分たちで世話をして道を作ってあげなくてはいけません。苦労はありますが、見返りはないかもしれませんが、それでも惜しみない愛情を注いで大切に育てていきましょう。

章末コラム

生産性が低い現場のミーティングで
起きていること

　イギリスの Office for National Statistics が 2017 年 10 月に発表した労働生産性の分析レポート。これは衝撃的です。イギリスを 100 としたとき、G7 でもっとも生産性の高いドイツにおける労働時間あたりの GDP は 130超。イギリスを除く G7 の平均は 120 弱で、イギリスの生産性がとても低いことが浮き彫りになっています。

　では日本はと言うと、さらに低く、90 を下回ります。G7 で圧倒的な最下位です。「労働時間あたりの GDP」という数字をどう見るかには様々な視点があるでしょう。しかし、同じ GDP を生み出すのに、我々日本人がその他G7 諸国と比べ、異常に長く働いているのは厳然たる事実です。我々広告界がこの数字にどう貢献しているかは言うまでもありません。

　このレポートが発表された週は、たまたまいろいろ重なって、ワークショップ、ブレスト、パネルディスカッションなどに合計 10 回以上参加していました。ドイツ人、アメリカ人、イギリス人、オーストラリア人、日本人など、それぞれのモデレーターは国際色豊かです。

　そこで気づいたのは、日本と欧米ではミーティングの目的意識が根本的に異なる、ということです。これはミーティングだけではなく、仕事そのものの目的意識にも繋がっていますが、この目的意識の違いこそ、上記の仕事の生産性を大きく分けるのです。

　広告界はことに合議が多く、かつブレスト、ワークショップなどバリエーションも豊富だと思いますが、いずれの合議においても、議論の混沌から 1つの結論を出すやり方として、日本人は正統性（決め方の正しさ）を、欧米人は創造性（結果の新しさ）を重視します。

　そして、

1.　仕組み・フレームワーク
2.　心がけ・マインドセット
3.　重視されるスキル

がそれぞれを目的として形成されています（日本型には、欧米発のものをアレンジした結果、ミックスされている場合もありますが）。

　例えば、日本的フレームワークは多数決、あるいはそれに準じる決め方を好みます。あるいは、順番に全員に意見を聴いていき、合意形成を図るような進め方を好みます。これはミーティング以外でも同様で、根回しができないと「あいつは仕事ができない」というレッテルを貼られ、仁義を切ったか、などという言葉が日常的に飛び交います。ここでは「合意形成」がミーティングや仕事そのものの目的になっています。

　欧米的なフレームワークでは、全員が順番に発言することは極めて稀ですし、多数決をとるということはありえません。ビジネスにおける合議の目的は、合意形成ではなく、一人でできる以上に創造的な（新しい）何かを生み出すことだからです。ロクでもない結論に合意を形成してどうするの、ということになります。

　結果として、欧米的な会議では、洞察力、混沌とした状況に補助線を引いて、本質を単純に理解し、説明する能力が求められます。例えばアナロジー（例え話）。日本式では、これはあまり重視されません。なぜなら、多数決や空気による合意形成が混沌を置き去りにして結論を出してくれるからです。そのかわり、根回しや気遣いを行って、巧みに、時には強引に合意をとり付けられる人がデキるやつ、ということになります。

　実はこのあたりが、欧米社会で日本人ビジネスパーソンが評価されにくいことの本質です。英語が苦手なことでもシャイなことでもありません。仕事の目的意識。どっちが悪くてどっちが良い、ということでもないと思いますが、英語のみならずこのあたりの感覚の違いをこそ、我々日本人はもっと意識すべきです。

　少し脇道にそれました。そして、想像に難くないと思いますが、この合意形成をゴールとする文化は、生産性と非常に相性が悪い。まずはプロセスそのものにより時間がかかります。根回しが必要な上、全員のスピークアウトと投票（のようなもの）が必要なわけですから。一回のミーティングでは結

論が出ず、ではもう一回、となったりする。

　また、合意形成は結論が斬新である・創造的であることを保証するものではなく、むしろ逆に角がとれた平凡な結論に落ち着くことが多い。すると、新しい価値やビジネスが生まれる可能性は低くなり、これもまた生産性に悪影響を与えます。

　日本の広告界は、アウトプットの質は高いものの生産性に難がある、というのが働き方改革のスタート地点です。では日本の広告界が「生産性で」世界に伍していくためには？まずはここで論じたミーティング、ひいては仕事全体の「目的意識」を変革していかなくてはいけません。合意形成を目的としない、ということです。ミーティングのフレームワークのみならず、マインドセットとそれを育む大元の文化、さらには個人の能力とその評価システムまでを含んだ大改革になりますが、働き方改革の根本ここにありです。

おわりに

デジタルマーケターは孤独です。デジタルが野党でありエイリアンであったひと昔前は言うに及ばず、与党となりマーケティング施策の中心かつ大多数を占めるようになった現在でも、本書で解説したような細かい運用に我々が粉骨砕身しているということは、おそらく直属の上司でもあずかり知ることはないでしょう。その意味では、本書を片手にこれから実際に業務を設計し、運用していくにあたり、皆さんの努力が100％上司や会社に正当に認められるとは限りません。有無を言わさぬ結果が出るまでの間、そんな努力は時に顧みられず、時に不理解に直面し、また時には非効率の謗りすら受けるかもしれません。

しかし、自分が本当に価値のあることをしている、マーケティングという叡知の発展に寄与しているという実感を持つことができれば、仕事自体をモチベーションの源とすることができ、会社や上司にモチベートされたり逆にモチベーションを奪われたりする必要はなくなります。会社や上司の評価を拠り所としないことで、いつでも高いモチベーションを維持することができ、仕事のパフォーマンスは上がって、結果としてはむしろ評価されることに繋がります。どんな仕事でも、業務改善の結果が目に見えてくるまでには時間がかかります。その間、周りの不理解をやり過ごす一番確実な方法は、自分の信念をやる気の拠り所とすることです。実務の体系であるがゆえ、決してエンターテイニングでもやさしく噛み砕いたものでもない本書をここまで読み進めた皆さんは、そんな強い信念を持っていると信じて疑いません。

もちろん、会社の評価を100％気にしない、ということはできないのが人間ですし、上司や同僚の信頼なしに根本的な体質改善はなかなか進められません。その意味では、改革を着々と進めながらも、クイック・ウィン（すぐに実現できる改善実績）を積み重ねて地ならしをし続ける老練さも時には必要でしょう。すぐに実行でき、確実に結果が出せるコストセービングなどにとり組むことのほか、目に見える結果に繋がりやすい検索広告で効果を

実感してもらうなど、クイック・ウィンの実績を計画的に進めましょう。データの可視化など、組織の積年の課題を進んで引き受けることで、同僚たちの信頼を勝ちえるという方法もあるでしょう。

　本書の執筆にあたっては、担当編集者である二島さん、宣伝会議編集長の谷口さんに何度も助けられました。そして何より、休日を本書の執筆に充てる間、何の文句を言うことなく執筆活動を最優先にしてくれ、最大限のサポートしてくれた妻と娘に一番の感謝を贈らせてください。

　本稿では、エッセー的な要素もあるコラム以外では筆者の個人的な体験を開陳することは極力差し控えましたが、最後の最後に私事を話すことをお許しいただき、本書の成り立ちとも遠くで結びついている祖母とのエピソードを紹介させてください。戦後まもなく岐阜県の郡上八幡から横浜に移り住んだ私の祖母は、同郷の祖父と結婚し３人の娘を授かります。祖父は「これからは広告・宣伝の時代だ」と横浜に印刷会社を興し、我が身を顧みず暴飲暴食しつつも仕事に身を砕いて会社を大きくしました。そんな生活が仇となって、祖父は私の母がまだ高校生の時分に、心臓の病気で亡くなってしまいます。社長を失った会社を継いだのは、仕事の経験はおろか教育もなく、文字の読み書きすら完璧ではない祖母でした。その後の祖母の努力は残念ながら詳しく知りませんが、会社はさらに成長し、東京にも拠点を拡大するに至ります。まだ戦後まもなくで、ほとんど例がない女性経営者です。その苦労は想像を絶するものだったに違いありません。

　そんな祖母を、もちろん尊敬はしていたものの、思春期にありがちな万能感で筆者は多少バカにしているような時期がありました。中学生にもなると、実家にあった文学全集や哲学書を読んで世の中をわかったような気になった筆者は、ある日祖母にこんなことを尋ねてみました。「ねえ、おばあちゃん、我々人間はなんで生きているんだと思う？」。「そんなのわからないわよ」という答えを期待しての問いかけでしたが、そのときの祖母の返答は今筆者の座右の銘となっており、マーケターとして日々仕事をし、その成果が本書と

して結実する上での土台となっています。「私はこう思うよ」と前置きをして、祖母は続けました。「人間、どんな人でも、どんなことをしていても、その気になれば毎日毎日賢くなれる。今日のお前は昨日より賢くなれるし、明日のお前は今日より賢くなれる。そうやって最後に死ぬその日まで、昨日より少しでも賢くなるために、人間は生きているんだと思うよ」。あれから25年以上経ち、祖母はもうこの世にはいませんが、この言葉はいつでも心にあり筆者の襟を正してくれています。

2018年3月　井上大輔

巻末用語

【数字】

3PAS

サードパーティー・アド・サービング。広告主でもメディアでもない第三者が提供するアドサーバーを通じて広告を配信・管理する仕組み。広告主は複数の媒体社に入稿することなく、広告の一括管理を行うことができる。

【A】

A/B テスト

デザインなどを 2 パターン用意し（A パターン・B パターン）、ランダムに出し分けてどちらがより良い結果を生むかを検証するテスト。

API

アプリケーション・プログラミング・インターフェース。システムが他のシステムとやりとりをするときの窓口のようなもの。

ATL

アバブ・ザ・ライン。いわゆるマス 4 媒体と OOH（アウト・オブ・ホーム＝交通広告）のこと。対する BTL（ビロウ・ザ・ライン）は DM やカタログ、イベント・展示会などそれ以外のメディア。デジタル広告やウェブサイトも昔は BTL に分類されることが多かったが、ダイレクトレスポンスからブランディングにデジタルマーケティングの裾野が広がるとともに、DM やカタログなどとそれらを同じ括りに入れることの違和感が大きくなり、最近ではこの ATL/BTL という分類自体があまり頻繁には用いられなくなってきた。代わりに POE（ペイド・オウンド・アーンド）の 3 分類が、MECE かつそれぞれのボリュームにおけるバランスがよく、トリプルメディアなどと言われ人口に膾炙されている。

【B】

BS

バランス・シート。貸借対照表。ある時点における企業の資産と負債、その差額である純資産のバランスを示した会計資料。

BTL

ビロウ・ザ・ライン。ATL を参照。

BTS

ブランド・トラッキング・サーベイ。リサーチパネルにアンケート（クエスチョネア）を送付して行うサーベイ調査で、助成想起、純粋想起、好意度、購入意向、推奨意向、ブランドイメージなどの指標を定点観測することで、施策の効果やブランドの健康状態を計るもの。

【C】

CDN

コンテンツ・ディスプレイ・ネットワーク。画像や動画など各種ウェブサイト上のファイルを、世界中に分散された高機能なサーバーから配信することでウェブサイトの表示を早くするためのシステム。

CDP

カスタマー・データ・プラットフォーム。匿名データ（クッキーベース）と実名データ（E メールベース）を一元管理することを提唱する概念。一つのデータベースではなく、複数のデータベースやシステムを繋ぎ合わせて管理する全体の枠組み（プラットフォーム）。

CI ／ VI

コーポレートアイデンティティ／ビジュアルアイデンティティ。ロゴの利用ルールやフォントの規定、使用しても良い色の規定や写真の撮り方など、広告表現上の自社あるいはブランド内部のルールを取りまとめたもの。

CMS

コンテンツ・マネージメント・システム。ウェブコンテンツを構成するテキストや画像などのコンテンツを一元的に保存・管理し、ページを新規生成したり編集したりするシステム。

CPA

コスト・パー・アクイジション。獲得課金。広告主が設定したコンバージョン（購入、予約、会員登録、口座開設など）が達成された場合のみ、広告料が課金される課金形態。

CPC

コスト・パー・クリック。クリック課金。

CPM

コスト・パー・ミル。インプレッション 1,000 回あたりのコスト。もともとはこの意味だが、転じてインプレッション課金の広告を CPM と呼ぶこともある。

CPV

コスト・パー・ビュー。視聴課金。一定時間以上の視聴か、リンクのクリックなど広告主が呼びかけるアクションが達成されたら課金が発生する。

CRM

カスタマー・リレーションシップ・マネージメン

ト。既存顧客をスコアリングし、セグメント化してそれぞれに応じたコミュニケーションを図ることで、顧客の優良顧客化、LTV（ライフタイムバリュー）の最大化を目指すマーケティング活動。概して新規顧客を獲得するより既存顧客の離反を防ぐ方がコストがかからないことから、細かい顧客管理を可能にするパーソナルコンピューターがビジネスの現場に普及し始めた 1990 年代に急速に浸透した。最近では優良顧客の定義が多様化しており、RFM（リーセンシー・フリークエンシー・マネタリー）分析が規定する購買行動上の優良顧客のみならず、自社商品を推奨してくれるアドボケーター、共に商品を作り上げていくコークリエーターなど購買とは別の軸で規定した優良顧客の育成を提唱する専門家もいる。単なる既存顧客に向けた販売促進と区別する際のポイントは、LTV の最大化をその目的としているかどうか。

CSS

カスケーディング・スタイル・シート。ウェブサイトを構築するためのスタイルシート。「これは大見出し」「これは中見出し」「これは小見出し」など、ウェブサイトの文書構造を指定する HTML に対して、CSS は「大見出しの色はこれで大きさはこれ」などといった見た目のコントロールを行う。

CTA

コール・トゥー・アクション。広告制作物上の、オーディエンスや利用者に対する具体的な呼びかけ。「ウェブサイトを訪問して詳細情報をチェックしてほしい」「店頭に行って試用してみてほしい」などというメッセージを、明示的もしくは暗示的に伝えること。

【D】

DMP

データマネジメントプラットフォーム。ブラウザクッキーを主キーとしたデータベースで、そのブラウザ（のユーザー）のインターネット上での行動を細かく記録することができる。

DSP

デマンド・サイド・プラットフォーム。オンライン広告において、広告主（購入者）側の広告効果の最大化を支援するプラットフォーム。複数のアドネットワークやアドエクスチェンジへの同時出稿と、RTB（リアル・タイム・ビッティング）を可能にする。

DTP

デスクトップパブリッシング。アドベインデザインなどのソフトを使って、パソコンで印刷物のデータ作成を行うこと。

【F】

F ファクター

フレンド、ファミリー、フォロワー。

【G】

GDN

グーグル・ディスプレイ・ネットワーク。グーグル社が運用するアドネットワーク。

GRP

グロス・レイティング・ポイント。テレビ広告の「のべ視聴率」。毎分視聴率 1% の番組に 1 回 CM を流すと 1GRP となる。同じ 2GRP でも、視聴率 1% の番組に 2 回 CM を出すか（フリークエンシー重視）、視聴率 2% の番組に 1 回 CM を出すか（リーチ重視）という 2 つの戦略がある。

【H】

HTML

ハイパーテキスト・マークアップ・ランゲージ。ウェブサイトの設計を行うための言語。

【I】

ITP

インテリジェント・トラッキング・プリベンション iOS11 と macOS Sierra 上で動くブラウザ「サファリ」に搭載された機能。広告の文脈では、サファリユーザーに対してドメインをまたいだクッキーの利用が原則できなくなることで、コンバージョンのトラッキングができなくなったり、リターゲティングをはじめとしたクッキーベースの行動ターゲティングができなくなり、広告主やメディアは対応を迫られている。

【J】

JavaScript

ブラウザ上で動くプログラム。パララックス（視差効果）など動きのあるデザインを実現する場合や、入力内容のフォーマットチェックなどの簡単な正誤判定に用いられる。

【N】

NPS

ネット・プロモーター・スコア。顧客のロイヤリティーを数値化した指標。「推奨者」の割合から「批判者」の割合を引いて算出する。

【P】

PL
プロフィット・アンド・ロス・ステートメント。損益計算書。一会計期間において、いくらお金を使い、いくら売上があがり、結果としていくら損益が出たかを計算するための会計資料。

PMBOK
プロジェクト・マネージメント・ボディ・オブ・ナレッジ。PMI というアメリカのフィラデルフィアに本部を置く団体が発行しているプロジェクトマネージメントの教科書。日本語版で 600 ページ近くあり、プロジェクトマネージメントに関する知識が体系的に網羅的にまとめられている。

PMP
プライベートマーケットプレイス。ビューアビリティーやブランドセーフティーが担保された、有料枠だけを集めたアドネットワーク。特別に招待を受けた広告主だけが買い付けできる。

POE
ペイド・オウンド・アーンド。それぞれの内容は各項目を参照。

PV ／ UU
ページビュー／ユニークユーザー。ウェブサイトにおけるアクセス数の単位の１つ。ページビューはウェブページが表示された回数。ユニークユーザーはウェブページに特定の期間に訪問した実人数。

【R】

ROAS
リターン・オン・アド・スペント。広告経由の売上を広告費で割った数字。

ROI
リターン・オン・インベストメント。利益を投下コストで割った数字。

RTB
リアル・タイム・ビッティング。インプレッションごとにリアルタイムでオークションを行う。

【S】

SEO
サーチ・エンジン・オプティマイゼーション。検索エンジン最適化。検索エンジンを対象に、検索結果のページに自社のウェブページがより上位に表示されるために行う対策の総称。

SERP
サーチ・エンジン・リザルト・ページ：サープ。検索結果画面。

SLA
サービスレベルアグリーメント。システムのパフォーマンス、もしくはシステムのオペレーションについて、最低でもここまではベンダー側で保証しますよ、実現できなければ納品したことにはならないと認めますよ、などという形で広告主とエージェンシーの間で結ばれる合意書。

SOV
シェアオブボイス。広告投下量のシェア。全広告主の合計の投下量を分母にした自社の広告投下量の割合。

SOW
スコープオブワーク。業務範囲、あるいは契約などに付帯される業務範囲記述書。業務範囲記述書は、エージェンシーとの契約において、当該エージェンシーと発注元である広告主や他のエージェンシーとの役割分担を明文化したもの。メディアエージェンシーとクリエイティブエージェンシーがそれぞれ何をして何をしないのか、広告主が発注主としてどこまで内製してどこまで外注するのか、を明確にする。

SSP
サプライ・サイド・プラットフォーム。複数のDSP と接続しており、メディア・パブリッシャーが自分たちの広告インベントリーをなるべく高く売れるよう、最も入札金額が高い広告主に自動的に枠を共有できるシステム。

STP
セグメンテーション、ターゲティング、ポジショニング。

SVOT
シングル・バージョン・オブ・ザ・トゥルース。複数のデータベースがある場合、内容に食い違いがある場合はこれを正とする、という正規のバージョン。

【T】

TrueView
YouTube が提供する広告の総称。

【U】

UI
ユーザーインターフェス。動的な機能の使い勝手も含めたサイトのデザイン。

USP
ユニーク・セリング・プロポジション。競合他社の商品に対して自社商品のユニークな点。

UX
ユーザーエクスペリエンス。使い勝手、表示の早

さなどのパフォーマンス、豊富な決済手段などの
利便性、不明点があったときのサポートなどを包
括した利用体験。

【V】

VTS
ビュースルーサーチ。バナー広告や動画広告、記
事広告などを閲覧し、その後特定のワードで検索
するユーザー行動。

【W】

WBS
ワーク・ブレイクダウン・ストラクチャー。タス
クを抜け漏れなく洗い出し、それをグルーピング
して管理するためのフレームワーク。

WYSWYG
What You See is What You Get：ウィズウィグ。
例えばブログサービスを使ってブログなどを書く
際、文字の大きさや文字色をプルダウンメニュー
や文字色パレットから選択することで、HTML や
CSS の知識がない人にも簡単にウェブサイトを編
集できるようにするシステム。

【Y】

YDN
ヤフー・ディスプレイ・ネットワーク。ヤフージ
ャパン社が運用するアドネットワーク。

【あ】

アーンドメディア
消費者による口コミや比較サイトなどにおける商
品レビューと、メディアによる無料のカバレッジ。

アイトラッキングテスト
ユーザビリティーテストの方法論の 1 つ。眼球の
動きを追うことができる特別なカメラを使ってユ
ーザーがサイトをどう認識しているかを分析する
テスト。

アドサーバー
広告配信専用のサーバー。その他コンテンツの配
信とは別に、広告配信だけを行う。

アドネットワーク
複数のインターネット広告メディアを集めてネッ
トワークを形成し、まとめて広告配信する仕組み。

アドバトリアル
記事広告を参照。

アドベリフィケーション
広告のビューアビリティー（しっかり閲覧できる
場所に表示されているか）とブランドセーフティ
ー（ブランドイメージを損なうような掲載面に表

示されていないか）を担保する機能。

アトリビューション分析
購入の直接の引き金となった（最後に接触した）
広告以外の接触もトラックして、一定のルールに
従いそれら全ての貢献度を数値化して、それぞれ
の費用対効果（ROAS）を明確にする分析手法。

アフィリエイト広告
ASP と呼ばれるシステムベンダーを通して提供さ
れるサービス。ASP が抱える「アフィリエイタ
ー」が、自分のサイトで広告主の商品などを紹介
し、その際実際に商品が売れるなど広告主の設定
するコンバージョンが達成されると、アフィリエ
イターに報酬＝広告費が発生するという仕組み。

アフォーダンス
物がそれ自体の被操作性を無言のままに示唆する
こと。

アンバサダー
企業やブランドの熱心なファン。自ら進んでその
企業やブランドを身近な人に推奨し、その哲学や
歴史を提唱し、時に炎上などのトラブルがあった
際はその企業やブランドを誹謗中傷から守ってく
れる。

インサイト
ビジネスに変化をもたらす、新しい理解や解釈。

インフィード広告
ニュースサイトのニュース一覧ページなどに、
PR・広告表記付きで、サムネイルとタイトルな
どその他のオーガニックなニュースと同じフォー
マットで掲出できる広告。

インフルエンサー
多数のファンやフォロワーを抱え、ソーシャルメ
ディア上で影響力のある人。芸能事務所に所属す
るセレブリティー（芸能人）とは区別して使われ
ることが多い。「人工知能」など、特定の分野で
その発言がメディアに注目されているインフルエ
ンサー、セレブリティー、学者などを KOL（キー・
オピニオン・リーダー）と呼んでさらに区別する。

インプレッション
広告の表示。

ウェイトバック
実際の市場にはライトユーザーが 5 割、ミドルユ
ーザーが 4 割で、ヘビーユーザーは 1 割しかいな
いにも関わらず、ヘビーユーザーの深掘り分析を
目的としてそれぞれ 300 人ずつアンケート調査の
回答を回収したような場合に、全体の合計を母集
団に合わせるために行う補正作業。

運用型広告
入稿後にクリエイティブや入札状況、リンク先な
どが随時変更できる広告。デジタル広告の主流を

なし、昨今では予約型の純広告、記事広告以外は
全て運用型の広告と言える。

エバンジェリスト
テクノロジー企業に所属し、企業の商品（主に新
しい技術やプラットフォーム）の特徴やそれが可
能にするソリューションを、講演などを通じて伝
える伝道師。転じて、企業やブランドの、伝道師
のような熱心なファン。

オウンドメディア
広告主企業・ブランドが運営するホームページ、
ソーシャルメディア、メールマガジンなどのメディ
ア。

【か】

カクテルパーティー効果
カクテルパーティーでは知人の声や自分の話題だ
けが騒音をかき分けて耳に入ってくる、という脳
の働き。「広告的な何か」を視界の片隅に検知し
たオーディエンスは、それを自分とは関係がない
ものとして本能的に無視してしまう。

カスタマージャーニー
ターゲット顧客が商品を知り、最終的に購入する
に至るまでの態度変容の流れと、それぞれの態度
変容が起こるタッチポイントを一般化し、整理し
たもの。あるいは、それを能動的にデザインした
もの。本書では、後者の意味に寄ってキャンペー
ンの全体設計図と位置づける。

カスタムオーディエンス
自社の CRM データをアップロードすれば、その
会員 ID をメディア側が持つターゲティングのキ
ー（ログイン ID やクッキー ID）と暗号化した状
態で紐付けてくれるサービス。

記事広告
自社商品やキャンペーンなどを取材した上でニュ
ースサイトなどに広告表記付きの記事を書いても
らい、それをオーガニックコンテンツと同じフォ
ーマットで公開してもらうプロモーション手法。
アドバトリアルともいう。

クッキー／ブラウザクッキー
インターネットブラウザに保存されたテキストフ
ァイル。ウェブサイトの閲覧履歴を記録すること
で、再来訪ユーザー向けにコンテンツを出し分け
たり、ウェブ解析ツールなどにコンバージョンデ
ータ（購入後のサンクスページの閲覧履歴）を伝
えたり、広告配信プラットフォームにターゲティ
ング用の情報を渡したりすることが可能になる。

クリエイティブブリーフ
広告主がするブリーフィングではなく、広告主と
エージェンシーの間で大きな方向性をすり合わせ

るためのブリーフ資料。作業の手戻りが発生して
＋αのコストが発生してしまわないように、実制
作に入る前にドキュメントを作成する。

グロースハック
ユーザーを洞察し、仮説を立案し、仮説に基づい
た小さな実験を繰り返すことでコミュニケーショ
ンを「改善」していくこと。

検索エンジン広告／ SEA
検索エンジンで、キーワードを検索した際に、そ
のキーワードに連動して表示される広告。

検索クエリ
検索エンジンのユーザーが行う検索行動。あるい
はその際に用いられる検索ワード。

コミッション
ネットプライスに対して 10% など一定の割合を
エージェンシーの手数料として設定するエージェ
ンシーとの契約形態。

コンバージョンファネル
「商品○○を認知する」「候補に入れる」「最終候
補に入れる」「店頭で試用する」「購入する」など、
商品を認知してから最終的に購入に至るまでの見
込み客のステージをいくつかに分類したもの。下
に行けば人数が少なくなるため、ファネ
ル（じょうご）に例えられる。

コンバージョンレート
ウェブサイトに来た人のうち、最終成果に至った
人の割合。

【さ】

サーチ・コンソール
自社のサイトが検索エンジン（グーグル）からど
のように認識されているか、をチェックするツー
ルで、グーグル社により提供されている。

サードパーティー DMP
プラットフォーマーが広告主に開放している
DMP。

サーベイ調査
調査会社を使ってアンケート票 (クエスチョネア
) を作成して実施する調査。

サンプル調査
母集団の一部をサンプルとして実施する調査。

システムインタラクション
リンクをはじめとして、プルダウンで何かを選択
する、チェックボックスがあればチェックを入れる、ス
クロールバーがあればスクロールする、などとい
った「サイトとユーザーとのやりとり」全般を包
括した概念。

純粋想起
例．輸入車といえば？と聞かれて当該ブランドを

自発的に思い出すこと。

助成想起
ブランド○○を知っていますか？と聞かれて、知っている（思い出す）こと。

スクリーニング調査
アンケート調査を行う際、ライトユーザーが5割、ミドルユーザーが4割、ヘビーユーザーが1割など、調査対象となるセグメントの出現率を調べるために行う事前の調査。

スタイルシート
CSS を参照。

ステルスマーケティング
企業がお金を払って行っているにも関わらず、それを隠している、あるいは誤解が生じないよう注意を払っていないマーケティング活動。お金を払って雇った消費者に商品レビューや口コミを書かせたり、ソーシャルメディアにコメントをさせて盛り上がり感を演出したりするいわゆるサクラ行為や、企業がスポンサードしているのにも関わらず広告表記がない偽装広告など。

センサス
政府などが実施する全量調査。

ソーシャルリスニング
ベンダーが提供するツールを使って、あるいはメディアが提供する検索機能を使って、ソーシャルメディア上で自社や自社ブランドがどのように、どの程度言及されているのかを分析するマーケティング活動。定量分析、定性分析の両方が可能で、顧客インサイトの導出、キャンペーンの効果測定、ブランドの健康状態チェック、炎上など緊急事態の早期発見が可能になる。

【た】

ダッシュボード
自動車などの機械に付随して、速度やエンジン回転数、ガソリン残量などリアルタイムかつ高頻度で参照されるデータを、操作時に視線移動の少ない場所で一覧できるようにまとめた計器。転じて、経営に際してそのように重要データを閲覧できるレポート。

調査パネル
調査会社が保有するアンケート調査のモニター会員基盤。対象とするマーケットが日本なら、日本全国の縮図となるように会員の分布が調整されている。

直帰
他に何のコンテンツも閲覧せずに他のサイトへ離脱すること。

直帰率
直帰するユーザーの数をサイトを訪れる全ユーザーの数で割った値。

データビジュアライゼーション
ウェブサイト解析ツールや、売上管理ツールなどの社内ツール上のデータを、直感的に理解できるグラフ形式に成形して、自動的・定期的に関係者に配布できるようにすること。

【な】

ニュースアグリケーションサイト
ニュースサイトの中でも、サイズもジャンルも様々なニュースサイトから記事を集めてきて、それをカテゴリー分けして表示するサイト。

認知的ウォークスルー
ユーザビリティーテストの方法論の1つ。専門家が利用者になりきってサイトを使ってみるテスト。

【は】

バナー広告
静止画像、あるいは短いアニメーションのループが入った GIF 画像による広告。

ビークル
「日本経済新聞」など媒体の固有名詞。

ビューアビリティ
広告がしっかり閲覧できる場所に表示されているか、ということ。広告インプレッションが発生していても、ほとんどスクロールされない最下部に表示されており、実際にはほとんど閲覧されない、というケースはビューアビリティーが担保されていない。

ヒューリスティック評価
ユーザビリティーの専門家が、経験と専門知識を活かして、ブランド品の鑑定を行うようにウェブサイトの評価を行うこと。

フィー
あらかじめ人件費の時間単価をプライステーブルとして設定・合意しておき、案件ごとに誰がどれくらい稼働するという見積もりをもらい、発注で応じるエージェンシーとの契約形態。

プライベート DMP
DMP を広告主が自社で独自に持つ場合の呼称。

ブランドセーフティー
公序良俗に反するサイトに広告が掲載されてしまうなど、ブランドイメージを毀損するリスクからブランドを守ること。

ブランドリフト
広告を出稿した前後で、認知や想起、好意度、購

入意向などのブランド指標がどの程度上がったの
かを捕捉する調査。

フリークエンシー
広告が同じユーザーに表示される回数。

ブリーフィング
企画の提案をエージェンシーにリクエストする際
に、背景や課題、達成したいゴールと各種前提条
件を整理して伝えること。

プレイスメント
URL を指定して特定のサイトを手動で選択する
ターゲティング方法。

プログラマティック広告
システムで買い付けを行う広告。

プロトコル
通信をする上での決まりごと。

プロトタイピング
ユーザビリティーテストの方法論の 1 つ。システ
ム的な動きの入ったプロトタイプを作成し、調査
パネルからリクルートした被験者に実際にそれを
使ってもらうテスト。

ペイドメディア
有料メディア。広告。

ペーパープロトタイピング
ユーザビリティーテストの方法論の 1 つ。静的な
見た目のデザインのみを作成してそれを印刷し、
模擬的にプロトタイピングを実施するテスト。

ベネフィット
具体的な便益。機能的な便益（例．親子 3 世代で
キャンプに行っても高速の合流で困らない馬力と
トルク）と情緒的な便益（例 この車を所有してい
ると社会的地位が高い人だと見なされる）に分け
られる。

【ま】

マーケティングオートメーション／ MA
様々なマーケティング施策、主にメールマガジン
の配信やウェブコンテンツの出し分けを自動化
し、横断的に効率よく最適なシナリオを設計し、
実施、効果測定を行っていく戦略。またはそれを
実現するシステム。

【や】

ユーザビリティー
使い勝手、使いやすさ。

予約型広告（純広告）
いわゆる「手売り」の純広告で、インターネット
広告の黎明期から存在する最もクラシカルな広告
形態。メディアエージェンシーを通じて媒体社に
予約の申し込みをし、枠を押さえた上で、決めら

れた期間内に広告を出稿する。

【ら】

ランディングページ
広告に埋め込まれたリンクをクリックしたオーディエンスがランディング（着地）するウェブページ。

リーン・イン
前のめりで閲覧する。

リーン・バック
リラックスして集中力が低い状態でなんとなく見る。

リターゲティング
一度特定のページに訪問したり、特定のビデオを
閲覧した人に対して、フォローアップとして出す
広告。

リテーナー
年間の発注量とそれに応じたフィーの合計をあら
かじめ合意するエージェンシーとの契約形態。

ルックアライク
類似のユーザー。元になるユーザークラスターと
類似のサイト閲覧行動をしている人。

レスポンシブ
PC やモバイルなど、閲覧デバイスに応じてデザ
インを自動的に出し分けることのできるウェブサ
イトの設計。

【わ】

割付
実際の調査を設計する際、例えばスポーツジムの
ヘビーユーザー、ミドルユーザー、ライトユーザ
ーをそれぞれ 300 人ずつ、などといった具合に、
条件別にサンプル数を決めること。

【参考】
「マーケティング会社年鑑 2017」（宣伝会議）

宣伝会議 マーケティング選書

デジタルで変わる マーケティング基礎
宣伝会議編集部 編

■本体1800円＋税　ISBN 978-4-88335-373-6

この1冊で現代のマーケティングの基礎と最先端がわかる！ デジタルテクノロジーが浸透した社会において、伝統的なマーケティングの解釈はどのように変わるのか。いまの時代に合わせて再編したマーケティングの新しい教科書。

デジタルで変わる 宣伝広告の基礎
宣伝会議編集部 編

■本体1800円＋税　ISBN 978-4-88335-372-9

この1冊で現代の宣伝広告の基礎と最先端がわかる！ 情報があふれ生活者側にその選択権が移った今、真の顧客視点発想が求められている。コミュニケーション手法も多様になった現代における宣伝広告の基礎をまとめた書籍です。

デジタルで変わる 広報コミュニケーション基礎
社会情報大学院大学 編

■本体1800円＋税　ISBN 978-4-88335-375-0

この1冊で現代の広報コミュニケーションの基礎と最先端がわかる！ グローバルに情報が高速で流通するデジタル時代において、企業広報や行政広報、多様なコミュニケーション活動に関わる広報パーソンのための入門書です。

デジタルで変わる セールスプロモーション基礎
販促会議編集部 編

■本体1800円＋税　ISBN 978-4-88335-374-3

この1冊で現代のセールスプロモーションの基礎と最先端がわかる！ 生活者の購買導線が可視化され、データ化される時代における販促のあり方をまとめ、売りの現場に必要な知識と情報を体系化した新しい時代のセールスプロモーションの教科書です！

詳しい内容についてはホームページをご覧ください　www.sendenkaigi.com

宣伝会議 の書籍

急いでデジタルクリエイティブの本当の話をします。

小霜和也 著

■本体1800円＋税　ISBN 978-4-88335-405-4

しっかり練られた戦略とメディアプランがあれば、デジタル広告は6番目のマス広告になり得ます。メディアプランのデジタル施策を成功に導いた著者が、Web広告の本質を〝急いで〟ひも解きます。VAIO、ヘルシア、カーセンサー

シェアしたがる心理
SNSの情報環境を読み解く7つの視点

天野彬 著

■本体1800円＋税　ISBN 978-4-88335-411-5

情報との出会いは「ググる」から「#タグる」へ。どのSNSとどのように向き合い運用をしていけばよいのか、情報環境を読み解く7つの視点、SNSを活用したキャンペーン事例などからひも解いて解説していきます。

「欲しい」の本質
人を動かす隠れた心理「インサイト」の見つけ方

大松孝弘・波田浩之 著

■本体1500円＋税　ISBN 978-4-88335-420-7

ニーズからインサイトへ。いまの時代、消費者に聞くことで分かるニーズは充たされ、本人さえ気付いていないインサイトが重要に。人の「無意識」を見える化する、インサイト活用のフレームワークを大公開。

メディアガイド2018
広告ビジネスに関わる人の

博報堂DYメディアパートナーズ 編

■本体2500円＋税　ISBN 978-4-88335-434-4

メディアの広告ビジネスに携わるすべての人のためのデータブック。各メディアの概要・分類や接触データなど、あらゆる情報が詰まっています。広告キャンペーンの企画立案やメディア選定の参考、企画書作成やプレゼン、新人研修などに役立つ「今すぐ使える」一冊です。

詳しい内容についてはホームページをご覧ください　www.sendenkaigi.com

著者：井上 大輔（いのうえ・だいすけ）
アウディジャパン株式会社
マーケティング本部 デジタル＆CRM マネージャー

ヤフーにてプロデューサー、ニュージーランド航空にてオンラインセールス部長、ユニリーバにてデジタルマーケティング＆eコマースマネージャーを歴任し現職。広告主としては、ブランディングからダイレクトレスポンスまでを業種をまたいで幅広く経験し、メディア企業でのサービス企画、広告商品企画の経験も持つ。AdverTimesにてコラム「マーケティングを別名保存する」を執筆中。

ツイッター @pianonoki

デジタルマーケティングの実務ガイド

発行日	2018年4月18日 初版
著　者	井上 大輔
発行者	東 彦弥
発行所	株式会社宣伝会議
	〒107-8350　東京都港区南青山3-11-13
	tel.03-3475-3010（代表）
	http://www.sendenkaigi.com/
装丁・DTP	ISSHIKI
印刷・製本	中央精版印刷株式会社

ISBN 978-4-88335-430-6　C2063
©Daisuke Inoue 2018
Printed in Japan
無断転載禁止。乱丁・落丁本はお取り替えいたします。